あなたの「言語化」で
部下が自ら動き出す

# 「紙1枚！」マネジメント

浅田すぐる

朝日新聞出版

はじめに

# 部下はあなたに「言語化」力を求めている

本書を手に取ってくださりありがとうございます。

この本は、部下をもつマネジャー・管理職・リーダー等の立場で働くビジネスパーソンのための書籍です。「ああ、自分のことだ」と感じられたのであれば、このまましばらく読み進めてみてください。

多くの業務を抱える中で、それでも日々直面するマネジャー（という表記で以降は統一して書いていきます）としての悩みを、何とかして改善・解決・解消していきたい。そのための有益な学びや気づきを得たい。

そうした興味関心から今この本を手に取ってくれているわけですから、まずはそのこと自体について、私は深く敬意を表したいと思います。

皆さんのもとで働くことができている部下は、本当に恵まれている。

心からそう思います。

何とか本書の読書体験を通じて、そのニーズや想いをサポートしていきたい。深い学びや気づきを得つつも、最短距離でさっそく明日から仕事に役立てられるような本として執筆しました。お役立て頂けましたら幸いです。

さて、この辺りで少しだけ自己紹介を挿入させてください。

私はサラリーマン時代、トヨタ自動車株式会社（以下、トヨタと記載）の海外部門で働いていました。その後、ビジネススクールを運営する株式会社グロービス（以下、グロービスと記載）に転職。２０１２年に独立して以降は、社会人教育のプロフェッショナルとして、企業研修や講演等に日々登壇しています。累計の受講者数は1万人を超えており、誰もが知っている大企業から中小企業、海外（中国）で通訳を入れての講演、等々。登壇先はさまざまです。

本書の内容は、10年間にわたって1万人以上のビジネスパーソンの方々と対話をしながら練り上げ、鍛え上げてきた知見で構築されています。

また、私はこれまでに11冊（文庫化を含む、単行本としては本書が9冊め）、累計53万部超のビジネス書を上梓してきた作家でもあります。

本書は、社会人教育の現場での研鑽《けんさん》に加え、2015年から8年にわたってビジネス書の世界でも支持され続けている内容の最新版です。こうした実績を踏まえ、これから安心して読み進めていってもらえればと思います。

加えて、本書の執筆に先立って、私は主宰している社会人向けスクールでマネジャー向けのワークショップを開催しました。申込みの際、今まさに抱えているマネジャーとしての悩みについて書いてもらったところ、最終的には50件以上の生の声に触れることができました。

詳しくは序章で、どのような悩みが集まったのか皆さんと一緒に見ていきたいと思いますが、現時点で1点だけ、お互いに共通了解にしておきたいことを明記しておきます。

本書は、**「あなたと同じく、現在進行形でマネジャーとして奮闘しているビジネスパーソンのリアルな悩みに応える本」**です。

実際、本を読み進めていく中で、「ああ、まさに自分も悩んでいることだ」「なるほど、だから今の接し方ではうまくいかないのか」「そうか、こう考え、こう動けば問題を解決できるのか」といった記載に、きっと出会えるはずです。

具体的な解決策は第2章以降で詳しく学んでいきますが、こちらも現段階で1点だけ。50件以上の悩みに応える中で浮かんできたエッセンスとなる言葉を、ヒトコトにまとめてこの場に記しておきたいと思います。

## 部下は、あなたに「言語化」力を求めている。

これは今回のワークショップに限らず、これまで10年間にわたって、社会人教育のフィールドで数多くのマネジャーの方々と交流しながら見出したとっておきの本質を、私なりに言語化したものです。

実際、この本質について多くの受講者さんから、「衝撃的だった」「目からウロコだった」「モヤモヤが晴れた」といったコメントをもらい続けています。

まだ「はじめに」の段階ですが、同じような感想をもった読者さんもきっと多いのではないでしょうか。

この「言語化」の意味をもう少し噛み砕いて説明すると以下のようになります。

●会社の理念や方針・目的・目標等を、自分なりに「言語化」する
●部下の話を聴き、一緒に、あるいは代わりに言いたいことを「言語化」する
●部下自身が、主体的に「言語化」して行動していけるように支援する

私自身は、サラリーマン時代にトヨタで働いていたこともあり、視覚的に伝わりやすいように考える・まとめる・言語化するという意味で「**視える化**」（これで「みえるか」と読みます）と表記した方がしっくりきています。ただ、本書はトヨタ論の本ではないので、こうした独特の表記や用語は使いません。

何より、本書の最終ゴールは日々のマネジメント、より具体的には「部下のマネジメント」に役立ててもらうことです。したがって、この本を直接読まないであろうあなたの部下にもわかる言葉で、最初から学んでいく必要があります。

そこで、本書ではより一般的にイメージしやすい「**言語化**」という表記をメインにして書いていくつもりです。この点でも安心して、これから読み進めていってもらえればと思います。

たとえば、詳しくは第2章で解決していきますが、多くのマネジャーの悩みとして**「部下が主体的に働いてくれない……」**といった相談がありました。

「仕事の目的が曖昧」「目的自体は明確だが、部下自身の仕事には落とし込めていない」「自分で考える際の判断基準がよくわからない」、等々。

いずれも、問題解決の最大の本質は「言語化」なのですが、そのためにあなたがやることは、なんと**「紙1枚」書くだけでOK**です。それで十分に日々のマネジメント業務に活用できるというのが、本書の最大の特徴です。

「仕事の目的を言語化すること」「自身の業務にフィットするようにさらに言語化すること」「ピンとくるまで、実際に仕事をしながらさらに言語化を繰り返していくこと」等々。**「紙1枚」レベルにまとめる言語化プロセス**を通じて、こうした悩みを一網打尽にしてしまいましょう。

あるいは、部下とのコミュニケーションにおいて、**「相手が何を感じ、考えているかがわからなくて……」**といった相談も、数多く集まりました。

これも煎じ詰めれば、「部下が感じ、考えていることをどうやってうまく言語化するか」がカギになってきます。詳しくは第3章で、類書ではあまり見たことがないユニークな方法で解決していきますので、楽しみにしていてください。

以上、ここまで読んでみて、何かしら可能性や希望のようなものを感じられた方は、これから本文で再会できますことを楽しみにしています。

2023年4月　「1枚」ワークス・浅田すぐる

目次

# あなたの「言語化」で部下が自ら動き出す「紙1枚！」マネジメント

## 第1章

# なぜ「紙1枚」はマネジャーの悩みに効くのか？

## 第2章 「目的のジブンゴト化」が部下の主体性を引き出す
### ——「紙1枚」でできること①

## 第4章 「共通言語」で部下と対話しやすくなる ──「紙1枚」でできること③

## 第5章 部下の育成にも「言語化」が欠かせない ——「紙1枚」でできること④

装丁■西垂水 敦（krran）
本文デザイン■伊藤 まや（Isshiki）
イラスト■emma by stock.adobe.com

# 序章

## マネジャーが抱える3つの大きな悩み

## リアルな体験談から抽出したマネジャーの悩み

「はじめに」に何かしら響くところがあり、実際に「本書を読んでみよう」と決意し、今こうして本文を読み始めてくださって本当にありがとうございます。

一気に読めて、すぐに実践できる本です。あるいは、読んでいる最中から実践できてしまうようなつくりの本にもなっています。現時点ではまだ大丈夫ですが、序章を読み終わる頃までには紙やペンも用意してください。

さて、「はじめに」でも書きましたが、本書を執筆するにあたって、現在進行形でマネジャー業務に奮闘しているビジネスパーソンの方々に集まってもらい、抱えている悩みを直接シェアしてもらうワークショップを開催しました。

すでに10年・受講者1万人以上の登壇実績や知見の蓄積があるので、こうした学習機会を新たに設けなくても執筆自体は可能だったのですが……。

改めて現場の声に耳を傾けることからスタートしようと決心したのには理由があって、

執筆前にある名著を再読した体験がきっかけでした。

本書のテーマであるマネジメント分野において巨人と称されるドラッカーは、『経営者の条件（ドラッカー名著集1）』（ダイヤモンド社）という本の中で次のような言葉を残しています。ドラッカーの一連の著作は、全マネジャーに必須の本質が満載なのでぜひ読んでほしいのですが、どんな文言だったか実際に引用してみます。

**組織の中に成果は存在しない。すべての成果は外にある。**

自分の本だからといって、ただ自身が書きたいことを好き勝手に披露しているだけでは、読者に貢献することはできません。

だからこそ、自分という「中」ではなく、まずは「外＝現場＝受講者・読者の皆さんの声を聴くこと」に徹したいと思ったのです。

その結果、50件以上のリアルな体験談を改めて伺うことができました。

その後、できるだけ共通点を見出してまとめ直したのが、次の3つの分類です。自身が抱えている課題と重なるところがあるか確認しつつ、味わってみてください。

**1　部下の「働き方・姿勢・モチベーション」等に関する悩み**

・部下が、主体的に仕事をしない
・上司の指示待ちで、自分なりに考えて動こうとしない
・当事者意識が感じられない、会社より自己都合を優先しがち
・会社に明確なビジョンや方針がないため、部下が判断基準をもてない
・上の判断がコロコロ変わり翻弄され、一貫した姿勢で働けない

**2　部下との「人間関係構築やコミュニケーション」に関する悩み**

・部下の背景が多様になり、何を感じ、考えているか掴みにくい
・年上部下が増え、どう接していいか難しさを感じている
・部下が転職者ばかりで、組織の文化や価値観の共有が難しい
・部下の読解力が低いのか、説明しても誤解されたり、時間がかかる

・考えを述べさせても、話が要領を得ず何が起きているか把握できない

### 3　部下の「人材育成」に関する悩み

・一所懸命に教えてもできない、やらない、できるまで頑張らない
・育成などといって悠長に指導している時間的余裕がない
・いったん任せても、最終的には自分が引き取るので余分に時間がかかる
・テレワークが増え、部下の働きぶりが見えにくくなった
・できることを願って叱責したのに、パワハラだと訴えられる、辞められる

大きなカテゴリーとしては3つ、内容としては全部で15個の悩みとしてまとめてみました。他にも数多くありましたが、これで概ね網羅できていると思います。一通り読み込んでみて、響くところや自身の課題と重なるところはあったでしょうか。

# 「紙1枚」を使った言語化がマネジャーの悩みに効く

今後の各章でそれぞれ詳しく見ていきますが、現時点で概要レベルの解説をしておくと、1つめは「**どうすれば部下が、主体的に、能動的に、当事者意識を発揮して働けるか?**」という悩みです。

受け身や指示待ちが常態化してしまう要因として、会社側の問題や部下の姿勢も、もちろんあるでしょう。

ですが、本書では「会社のせい」「部下の方が悪い」といった話は一切しません。他責的に捉えていても、状況が好転していくことはないからです。というより、むしろ悪化するばかりなので、そもそもこうしたスタンスは退けて書いていきます。

では、どんな前提で悩みを解決していくのかというと、詳しくは次章(第1章)で丁寧に共通了解を構築していきますが、あくまでもマネジャー、つまり「**読者であるあなた自身の思考や心構え、立ち振る舞いを変えていくこと**」を通じて、問題解決をはかっていく。これが、本書の全てを貫く基本姿勢となります。

といっても、単なる精神論に終始するつもりはありません。第2章からは「紙1枚」書くだけで実践できるようにしていきますので、まずは読み進めていってください。

2つめは、**「部下との人間関係構築やコミュニケーション」**に関する悩みです。

従来は新卒一括大量採用、年功序列、終身雇用が一般的だったため、「社員同士の同質性が高い」という前提がありました。

コミュニケーション文脈に絞れば、これは要するに「言わずもがな」「察して」「わかるよね?」で済んでしまう人間関係が当たり前になるという意味です。

いちいち説明しなくても伝わるわけですから、これはこれで効率的なコミュニケーションだという捉え方もできます。

一方で、特に2010年代に入って以降、ビジネス環境は劇的に変わりました。もしかすると、皆さん自身が、マネジャー職として今の会社に転職してきたといったケースもあり得るでしょう。

あるいは、定年延長や再雇用なども一般化し、一回り以上離れた年上部下と仕事をする機会も、今となっては日常の景色となりました。

加えて、ワークライフバランスへの配慮がかつてなく問われるようになったため、部下が抱えるさまざまな事情を踏まえ、一様ではなく多様な対応が必要になってきています。

当然ながら、このような職場環境では、部下とあなたの間で共有できる背景は少なくなっていきます。かつてのような「部下もこう感じ、考えているに違いない」「みんな同じ方向を向いているはずだ」といった前提が通じない以上、**相手が何を感じ、考えているかについて「洞察する力」が、現代のマネジャーには必要不可欠**なのです。

また、同質性が低くなると、お互いのコミュニケーションスタイルに重ならない点が増えてきて、自分がわかりやすいと思う説明を相手にぶつけているだけでは伝わらないという事態にも陥ってしまいます。そこで、部下とあなたの間に「共通言語」を見出し、その枠組みの範囲内で日々の報連相（報告・連絡・相談）等を行っていく必要があるのです。

今後、第3章では「**洞察力**」について、続く第4章では「**共通言語**」の重要性を学ぶことで、このテーマの悩みを解消していきます。いずれも「紙1枚」書くだけで実践できますので、楽しみにしていてください。


3つめは、「**人材育成**」です。これは前の2つの悩みに比べると、時代や環境を問わない普遍性が高いテーマという側面もあると思います。

とはいえ、「テレワークで部下の働きが見えにくくなった」「叱るとパワハラだと言われてしまう」といった部分は間違いなく現代的な課題なので、こうした前提の変化にも配慮しながら、この悩みに応えていきます。

「人材育成」は第5章で扱いますが、全章を通じ一貫して必要になる能力は、「はじめに」で書いた「言語化」力です。

本書では、この能力を「紙1枚」にまとめながら高めていきます。

## マネジャーの最も切実な悩みは「部下のマネジメント」

以上、この本の構造は掴めたでしょうか。

本書ではマネジャーの悩みを「主体性・当事者意識」「人間関係構築・コミュニケーション」「人材育成」の3つに分けて解消していきます。

さらに言えば、この3つの共通点、というより主語は、いずれも「部下」です。

そこで、改めてこの3種類の悩みを、ヒトコトでまとめ直してみましょう。

## 「部下」のマネジメント。

ひとくちにマネジメントといっても、「お金」「会計」「税務」のマネジメント、「成果」のマネジメント、「人材」「育成」「評価」のマネジメント、「業務」「プロジェクト」マネジメント、等々。

挙げればキリがないというくらいに、さまざまなバリエーションが存在します。

また、本書の執筆にあたって100冊以上の類書に目を通しましたが、「他のマネジャーとの関わり方」「社内政治」「ボスマネ（マネジャーの上司）のマネジメント」「仕事と家庭の両立」、等々。「部下のマネジメント」以外にもさまざまな悩みのバリエーションがあることは、十分に承知しています。

それでも、今回集まった最新の生の声に関しては、**「部下」に関する「働き方・関わり方・育て方」**の3つに絞り込むことができました。

1冊の中で大量のトピックを薄く広く扱っても、読者の行動変容につながるような価値ある本にはなりません。総花的に網羅しても消化しきれず、ただ時間を費やしては消えていくだけの、消費的なむなしい読書体験になってしまうだけです。

だからこそ、本書ではこの3つの悩みに絞って、類書では得られないような深い理解と実践の機会を提供していきます。

## マネジャーの悩みの所在を図示した「カッツモデル」

序章を終える前に、本書が見出したこうしたフォーカスの妥当性を高める話について、最後に触れておきたいと思います。

バラバラだった悩みが〝「部下」のマネジメント〟という言葉で一言集約された時、私は思わず「ああ、そういえば確かにそうだったな」と呟いてしまいました。

というのも、ビジネススクール等で学ぶ機会のあるフレームワーク「カッツモデル」と整合的だと感じたからです。皆さんの認識を整理するうえでも有益な枠組みなので、この機会に紹介させてください。

「カッツモデル」とは、ハーバード大学教授のロバート・カッツが提唱したビジネスパーソンのスキル修得に関連したマッピングです。

**図表1　カッツモデル**

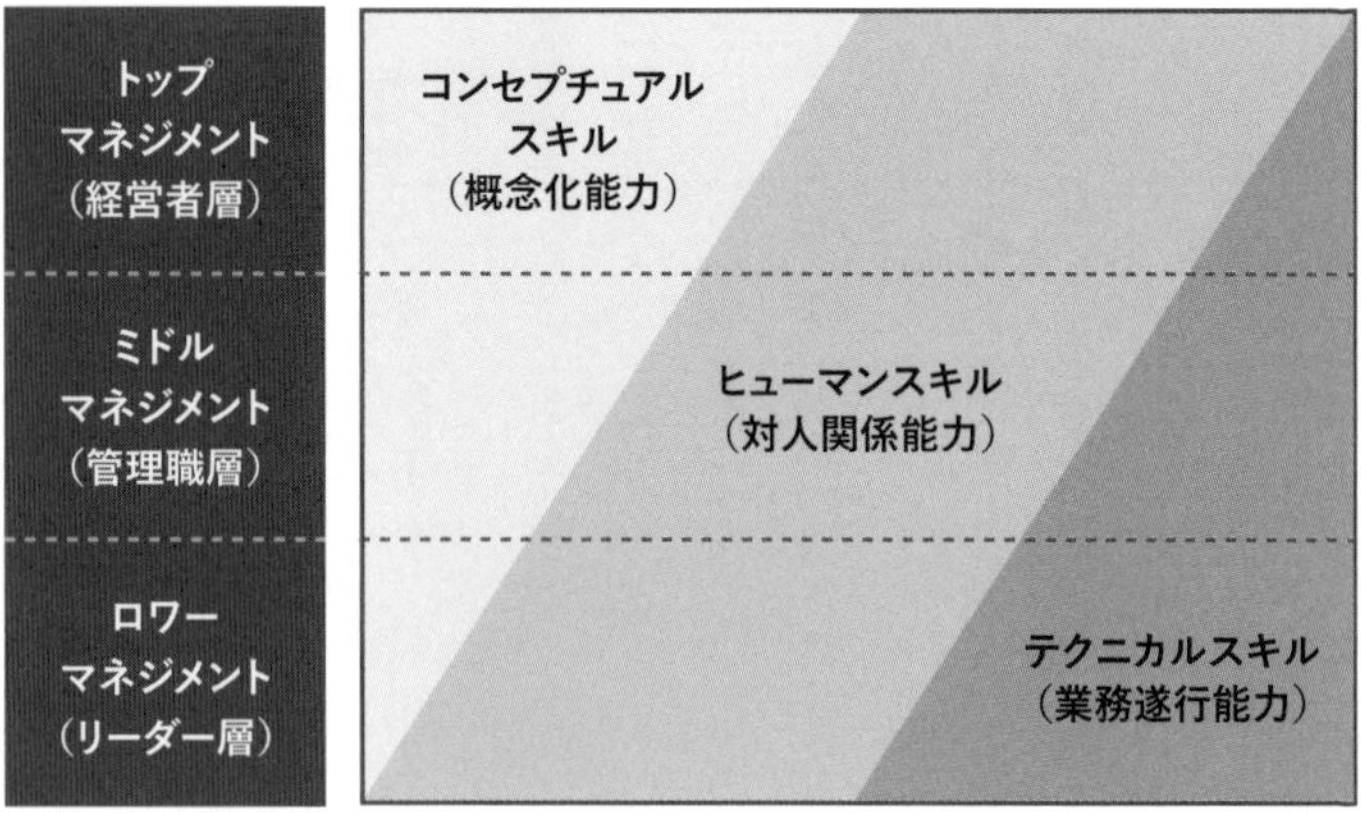


図表1のような図解でよく示されます。

一番下の3段目から解説していくと、まず、管理職前のプレーヤーやプレイングマネジャー（図表1ではロワーマネジメント=リーダー層と表記されています）レベルで重要となる能力は、一番色の濃い**「テクニカルスキル」（業務遂行能力）**です。

これは、実際に仕事を進めていくうえで必要となる資料作成スキルやメール対応能力、会議ファシリテーションや日々の優先順位付け・ダンドリ力等々の実務能力を指すと思ってください。書店のビジネス書コーナーでいうと、「ビジネススキル」と書かれた棚に置かれているような本が該当します。

続いて、いったん真ん中は飛ばして上の1段目に移ると、ここは経営者レベルが主な対象です。最重要能力は、**「コンセプチュアルスキル」（概念化能力）**。これは文字通り、理念やビジョン、戦略といった「コンセプト」レベルを打ち出せる能力になります。

一方、真ん中のミドルマネジメントと書かれた欄が、本書の対象読者です。最も問われる力は**「ヒューマンスキル」（対人関係能力）**で、これは要するに社内外でのさまざまなコミュニケーションや人間関係で必要になる能力を指しています。

今回のワークショップの受講者さんは、大半がこのミドルマネジメント層でした。シェアしてもらった悩みのほとんどが部下に関する内容だったことは、まさにカッツモデルの通りだと言えるのではないでしょうか。

## マネジャー業務に欠かせない能力「ヒューマンスキル」

もう1つ、カッツモデルから言語化しておきたいメッセージがあります。

本来であれば「ヒューマンスキル」にニーズを感じていなければならないはずのマネジャー職のビジネスパーソンが、依然として資料作成スキルや会議術といった「テクニカルスキル」のレベルで悩んでしまっているのだとしたら……。

この段階は、早々にクリアしておく必要があるのではないでしょうか。

実際、私のワークショップの受講者さんは、過去の拙著等を通じてテクニカルスキル段階の悩みは解消した人たちばかりです。

一方、もしここまでを読んでみて、あなたのマネジャーとしての悩みに「テクニカルスキル」領域のものが多数含まれているのだとしたら……。

引き続き本書を読み進めてもらっても構いませんが、この本で扱うのは「ヒューマンスキル」がメインだということは、前提として了解しておいてください。

本書で手厚くカバーすることができないテクニカルスキルについては、ぜひ他の拙著でキャッチアップをはかっていってほしいと思います。

たとえば、業界や職層を問わず誰もが必須とすべき根本的な仕事の進め方については、『トヨタで学んだ「紙1枚!」で考え抜く技術』や『説明0秒!一発OK!驚異の「紙

1枚！」プレゼン』（共に日本実業出版社）等を通じて学ぶことが可能です。前者は「思考系」、後者は「報連相系」のスキルをそれぞれカバーしています。

あるいは、新たなスキルを効果的に獲得するための生涯学習の能力に関しては、『すべての知識を「20字」でまとめる 紙1枚！独学法』や『早く読めて、忘れない、思考力が深まる「紙1枚！」読書法』（共にSBクリエイティブ）といった書籍を通じて、一生もののリスキリング（スキルの再獲得）力の修得が可能です。

以降、本書は、マネジャー層の読者向けに、カッツモデルとも整合的なヒューマンスキル、とりわけ「部下のマネジメント」にフォーカスをあてたスキルを扱っていきます。

ただし、いきなり「紙1枚」書くだけの解決編には入りません。

次章では、本章で挙げた悩みを解消する際に必須となる「3つの前提・マインドセット（心の構え）」について、あなたと共通認識を構築していきたいと思います。

## 序章での学びを、3つに絞り込んで言語化してみると？

- 本書は、マネジャー業務の中でも「部下のマネジメント」にフォーカス
- この絞り込みは、「カッツモデル」のフレームワークとも整合的
- 「マネジャー以前」の悩みが多い状況なのであれば、本書と並行して「テクニカルスキル」も修得を

自分自身にとってはどんな学びがあったか「言語化」してみてください

# 第1章

# なぜ「紙1枚」はマネジャーの悩みに効くのか？

## ノウ・ハウの実践には「ノウ・ワイ」の理解が不可欠

序章の最後に予告した通り、第1章では今後紹介していくスキルの前提となる話を共有していきます。あなたと私の間に共通認識を構築しておくことによって、今後の内容をより早く、より深く理解し、効果的に実践できるような読書体験にしてもらうためです。

そもそも私はどの本でも、手法＝ノウ・ハウ（Know-How）として〝「紙1枚」にまとめる技術〟を紹介しているのですが、時折ある感想として「なかなかスキルの説明に入らない」といったものがあります。

なぜ、「紙1枚」のまとめ方の話をいきなりしないのか。なぜ、前提や背景の説明を懇切丁寧に積み上げていくのかといえば、**ノウ・ハウ（Know-How）の実践にはノウ・ワイ（Know-Why）が不可欠**だと考えているからです。

「そもそもどうしてこう書くのか？　まとめるのか？＝Ｗｈｙ？」に関する深い理解がないと、自身の仕事に「どうやって当てはめたら良いのか？＝Ｈｏｗ？」について、自分なりに考えたり判断したりすることができなくなってしまいます。

表面的なやり方だけをファストなノリで摂取した結果、「自分の仕事には当てはめられない、使えない」といった感想にあっさり陥ってしまうことがないよう、まずはしっかり「Why?」を知ってほしいのです。

ファスト学習全盛の時代になってしまっているからこそ、ノウ・ハウ（Know-How）だけでなくノウ・ワイ（Know-Why）にも紙面を割いた本が必要なのではないか。

これが、今の時代にビジネス書を世に問う作家としての、私の根幹にある考えです。

では、本書におけるノウ・ワイ（Know-Why）とは何なのか。

具体的には、次の3つの「部下のマネジメント観」です。次章以降の「紙1枚」にまとめるマネジメント術は、全てこの3つのマインドセットをベースにしています。

**本書を貫く3つの「部下のマネジメント観」**

**①部下は、「変えられない」**

**②部下は、「集団になると〝2・6・2〟に分かれる」**

## ③部下は、「意志より環境で成長していく」

1つめは、「**部下は変えられない**」という前提です。

多くのマネジャー職の方が、「部下を何とかしたい」「部下に成長してほしい」「もっとできる社員に、自走する人材に変わってほしい」と願っていて、そうした期待を部下にかけること自体は極めて自然な発想でもあるのですが……。

だからといって、「こうしろああしろ」と細かく伝えたところで、部下は必ずしも容易に変わっていってはくれません。

むしろ、「変われ！」「成長しろ！」「覚醒しろ！」と暑苦しく伝えたり、口うるさく叱責したりすればするほど、部下は頑なに現状を維持しようとしてしまう……。そんなジレンマに陥ったことがある読者さんも、きっと多いのではないでしょうか。

なぜこのような事態に直面するのかというと、最大の要因は「**人は変えられる**」**という前提で部下と接しているから**です。

と、いきなりそんなことを言われてしまったら、驚く人も多いかもしれません。

「部下を変えなければ」と思っている人に「変えようとしているからこそ変わらないんだ、まずは変えられないという前提で全てを捉え直していきましょう」と言っているわけですから、これは人によっては相当にインパクトのある話だと思います。

実際、この本質は受講者さんから「目からウロコだった」「コペルニクス的転回だった」と過去に何度も言われてきた内容です。

ぜひ、次の投げかけと対峙し、自身の「心の構え」を点検してみてください。

**今あなたが抱えている悩みは、「人は変えられる」という前提で出発しているからこそ、袋小路に陥り、部下も自分も苦しくなってしまっているのではないか。**

心当たりのある人は、ぜひここから先を熟読し、自身の感覚として馴染ませていってほしいと願っています。

## 「部下は変わらないのが自然」という認識からスタート

心理学やコーチングといった分野について学んでいると頻出するキーワードとして、「現状維持バイアス」「現状維持志向」といった用語があります。

ただ、だからといってこれから難しい説明をするつもりはありません。日常感覚で理解できる話ですし、仕事に活かすことが目的なら、むしろその方が実践的な学び方です。

たとえば、昨日の体温が36度だったとしましょう。

ところが、今朝起きたら40度になってしまいました。

ちなみに一昨日は30度で、3日前は50度でした。明日は何度になってしまうのかわからない……。

こんな調子で体温が毎日のように乱高下していたら、私たちはまともに生きていくことができません。

そこで、昨日も今日も、明日も明後日も、同じような体温でいられるように私たちのカラダはできています。

生理学的には恒常性維持機能（ホメオスタシス）と言われていますが、この用語の意味するところは、ここまでの説明で十分に理解できたはずです。

一方で、昨日は怒り狂っていたとしましょう。

ところが、今日は一転して、終始、泣きじゃくっていた。

では一昨日はどうだったかというと、朝から晩まで笑い転げていて、明日はどんな性格になっているか検討もつかない……。

こんな調子で心の状態がコロコロ変わっていたら、やはり私たちはまともに生きていくことができなくなってしまいます。

そこで、恒常性維持機能と同じような仕組みが、肉体的にだけではなく、心理的にも自己同一性（アイデンティティ）として働いている。

この点についても、感覚的にはすぐに納得できると思います。

以上の説明を、端的にまとめて言語化してみましょう。

**私たちのベースは、カラダもココロも「現状維持[1]」。**

（1）参考文献は多数存在しますが、学術的にというよりも私自身が最も行動変容につながった本として、『ダメな自分を救う本』石井裕之（祥伝社）を挙げておきます。

したがって、部下に「変われ！」と言っても「変わらない（＝現状維持）」となるのは当然であり、だからこそ「部下は変えられる、ではなく変えられない、変わらないが自然なのだ」という前提から、全てのリスタートをはかっていきたいのです。

## 「支配のマネジメント」から「支援のマネジメント」へ

ここまで読んでみて、「いや、ドンドン成長している部下もいます！」「劇的に変わった人もいるんだけどな……」「自分自身も変化・成長し続けてきたからこそ、今マネジャーをやっているんだが」と感じた人もいると思います。

「部下は変えられないなんてことを前提にしたら、マネジメントなんて成立しないんじゃないか」と思った人もいるかもしれません。

そこで、序章で紹介したドラッカーの別の言葉を、もう1つ挙げてみたいと思います。

『現代の経営［上］（ドラッカー名著集2）』（ダイヤモンド社）という本から、次の言葉を引用させてください。

**目標管理の最大の利点は、支配によるマネジメントを自己管理によるマネジメントに代えることにある。**


今回この名言でフォーカスをあてたいのは、「**支配**」という言葉です。

部下を自分の思い通りに「変えてやろう」ということを前提にしたマネジメントは、最終的には「支配」のマネジメントに行き着いてしまう。

そうではなくて、部下自身の「**自己管理**」によるマネジメントをベースにする。


要するに、こういうことです。

部下は変えられません。

「現状維持」という人間の基本的な前提を無視して部下を無理やり変えようと働きかければ、それは「支配のマネジメント」になってしまいます。

そこに、部下の自由や自主性・主体性はありません。

そんな事態に陥らないよう、部下が「自ら」変わっていくようにマネジメントしていく必要があります。


なぜなら、**人は変えられませんが、「自分自身なら」変えられる**からです。


したがって、マネジャーができることは、部下が自ら変わり、成長していくきっかけを創り出していくこと。

これを、できるだけ覚えやすいカタチで言語化するのであれば、**「支配」ではなく「支援」のマネジメント**。

「私たちが部下にできることは、支援まで」という前提を心得ておきたいのです。


これまで、マネジャーとしてのあなたの姿勢はどうだったでしょうか。

この10年間、多くの管理職の方と関わってきましたが、話を伺っていると「どうにかして部下を変えてやろう、いや何としても変えなければ」といったスタンスで、マネジャー業務に従事している人が大半だったというのが実態です。

一方で、その前提にあるものが決して支配欲だけではなく、善意によるものであること も同時に感じ取ってきました。

だからこそ、どうかボタンの掛け違えをしてほしくないのです。

善意の行き着く先が支配となり、逆に部下の自由を奪うような結末になってしまう……。そんな悲劇は、何としても避けなければなりません。

どうか、次の言語化を大切にしてください。

というより、もうこの1文は暗記して覚えてしまってください。

**「部下を私の手で変えてやる」ではなく、「部下は自らの手で変わっていく」。**

このことをどうか信じて、マネジメントの前提に据えてほしいと思います。

そして日々、実際に部下が自ら変わっていけるような「支援」に徹していく。

具体的にどんな「紙1枚」を書いて働きかけをしていけば良いのかについては、次章以降で詳しく紹介していきます。

## 部下の現実を教えてくれる「働きアリの法則」

ここまで、「人は変えられない」という1つめの前提を共通認識にしてきました。

その真意は、「人から何を言われようが、どんな効果的な働きかけをされようが、最終的に自分を変えられるのは自分自身だけ」であり、だからこそマネジャーは部下の行動変容を願って、支配ではなく支援を基本にする。

くれぐれも、相手を自分の思い通りにコントロールし、無理やり変えるようなマネジメントに陥ってはならない。これが、本書を貫く大切なマネジメント観です。

ただし……。

支配しないことを大前提にはしつつも、かといって「支援」というよりは「指示・命令・強制」的なスタンスで部下に接しなければならない。

そんなシチュエーションも、現実にはあり得ます。

この現実と折り合いをつけていくための大切な前提が、2つめに挙げた、**部下は、「集団になると〝2・6・2〟に分かれる」というマネジメント観**です。

図表2　働きアリの法則

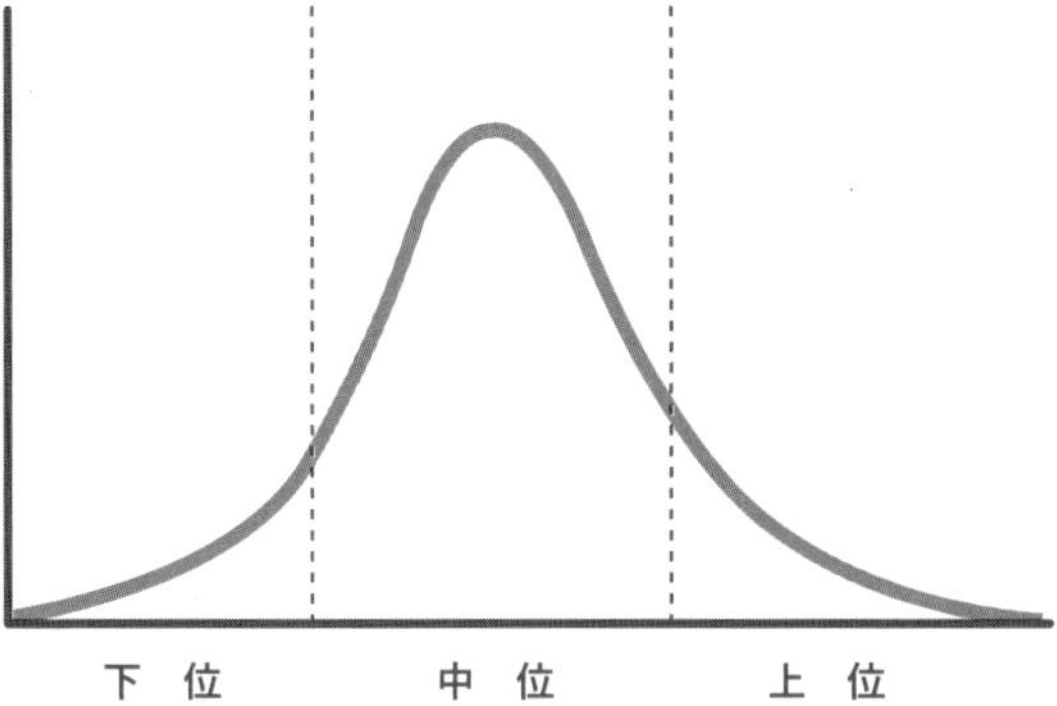


有名な経験則なので、すでに知っている読者さんも多いかもしれません。

「パレートの法則」の組織版、あるいは「働きアリの法則」[2]と表記すれば、ピンとくる人もいるのではないでしょうか。

説明時は、図表2のような正規分布のグラフがよく登場します。

たとえば、部下が10人いるとしましょう。すると、どのような人材を集めてみても、最終的には次のような割合に収束していってしまいます。

- **上位20%：　チームを引っ張る「リーダー」的存在**
- **中位60%：　リーダーに引っ張られる**

(2) これも参考文献は多々ありますが、比較的読みやすい本として『働かないアリに意義がある』長谷川英祐（山と溪谷社）を挙げておきます。

「フォロワー」的存在

## ●下位20％：上の8割に依存する「フリーライダー」的存在

この割合をそのまま適用すれば、10人の部下のうち2人は、マネジャーであるあなたの右腕や分身となるようなリーダー的存在になってくれるはずです。

自立的・自律的に自走してくれるので、「支援」レベルの接し方で、あるいは支援すらいらないほったらかしレベルでも、十分に自らを変化・成長させていくことができます。

一方、残りの8人のうち6人は、あなたや側近的なリーダーに引っ張られるカタチで、根本的には受動的ではあるのですが、それでも前向きに、十分及第点レベルでは働いてくれるタイプ(3)だと捉えてみてください。

このようなフォロワー姿勢の部下については、先ほどの2人に比べると、時間的にも回数的にも多くの支援が必要になります。ですが、効果的な働きかけができれば、自分なりに考え、行動するといった自律的な動きも期待できるのです。

ただ、そうは言っても、日々の忙しさの中ではリソースもリードタイムも限られるた

（3）フォロワーの類型については、より細かく見ていくと5タイプに分類可能です。ただ、本書ではシンプルに「自律的かどうか」という観点だけでフォロワーシップを捉えていきます。この分野に興味のある方は『指導力革命』ロバート・ケリー（プレジデント社）等も読んでみてください。

め、場合によっては決して「支配」とはならないように配慮しつつ、「支援」ではなく「指示」レベルでとにかくまずは動いてもらわなければならない。

本書は、実際に仕事で役立ててもらえることを第1プライオリティに掲げていますので、このような部下も数多く（最大で6割、後述も含めれば8割）いるのだという現実を踏まえて、書き進めていきたいと思います。

最後に、残った2人については受動的な姿勢を超え、もはや「依存」や「寄生」といったレベルでしか仕事をしようとしません。

隙あらばサボれないか、フリーライド（タダ乗り・おいしい思い）ができないかというスタンスで、会社や組織、同僚や上司であるあなたと関わっている。こうしたフリーライダー的部下については、俗に言う「働かないおじさん」問題で登場するような人物をイメージしてもらえば、ピンとくるのではないかと思います。

大切な認識は、どのような人材を集めてみても、残念ながらこうしたメンバーが決してゼロにはならないという点です。

集団が形成されると、当初は能動的だった人が、最終的には受動的な存在に変貌する。「社会的手抜き」と言われる現象が、現実にはいくらでも起き得てしまう。(4)

（4）この本質への認識をさらに深めたい方は「グループシンク」といったキーワードで検索してみてください。また、参考文献として『集団浅慮』アーヴィング・L・ジャニス（新曜社）を挙げておきます。

これが、「働きアリの法則」が示唆する組織運営の重要な前提なのです。

## フリーライダー的部下を無理に変えようとしない

さて、基礎的な認識はこれで揃えられたと思いますので、なぜこの知見を本書で紹介したのかという話に移っていきたいと思います。

1つめのマインドセットとして、「人は変えられないが、自分自身なら変えられる」という心の構えを紹介しましたが、「働きアリの法則」と組み合わせて考えてみた時に、果たしてこうした前提をどこまで適用したら良いのでしょうか。

上位20％のリーダー的存在については、問題なく前提にして良さそうです。

真ん中の60％についても、こちらの働きかけ次第で、あるいは時間をかけられるのであれば、ある程度は可能だと思います。

一方、下位20％の部下については、果たして「働かないおじさん」が「働くおじさん」

へと変貌することを信じて、期待をかけ続けるべきなのでしょうか。

私自身がさまざまなマネジャー職の方々の相談を受ける中で、最も現実的に機能し、後で感謝された回答は次の言葉でした。


「相手をリスペクトしつつ、ケアは最低限に留めて後は放っておきましょう」


正直、本に明記するメッセージとしてはかなり勇気のいる内容ですが、「これが救いになった」と多くの受講者さんに感謝された事実もあるため、躊躇《ちゅうちょ》を超えて言語化してみることにしました。

なぜこの答えが響くのかといえば、マネジャー職の皆さんはとにかく忙しいから。この一点に尽きるのではないでしょうか。今この本を読んでくれていること自体が奇跡なくらい、多忙で、リソースは常に限られている。

これが実態である以上、全員に、とりわけ、打っても響く見込みのない下位20%の部下に時間やエネルギーを割くことは、やはり現実的ではありません。

部下に充てられる持ち時間がわずかしかないのであれば、自らを変えていく可能性を見出せる方にリソースを投入する。これが合理的な選択です。

ただ、こんなことを書いてしまうと、「そこまで割り切れない」「ドライ過ぎる」と感じた読者さんもいるかもしれません。

私自身も、個人としてはこのような合理的な捉え方に抵抗があります。正直、ものすごくストレスを感じながら、この項目を書いていることも告白します……。

マネジャーとして、できれば全員を導きたい。

それが本音だし、その思い自体は引き続き大切にしてほしいと思います。

一方で、あなたは「個人」であると同時に、「組織人」です。

組織人としてマネジャー職に従事している以上、このようなスタンスも併用できるようになっていってほしい。少なくとも、このような心の構えを決して全否定はせずに、両者の間で葛藤できるような人であってほしいのです。

なぜ、そんな葛藤を抱えて働かなければならないのか。

その理由は、何よりも他ならぬあなた自身を守るためです。

「全員が変われる、成長できる」「どんな人でも、話せばわかってくれる、変わってくれる」という前提を置いてしまうと、どうしようもなく苦しく、疲弊し、ストレスで自分自身が潰れてしまいかねません……。

私自身も、かつてそのようになってしまった経験があります。

だからこそ、自らの精神衛生を保つためにも、このような現実的なスタンスを受け入れられるようになっていってほしいのです。私の願いや真意が、適切に伝われば幸いです。

## フォロワー的部下により多くのエネルギーを注ぐ

今回、事前にワークショップを開催して心底良かったと感じていることの1つとして、多くの受講者さんがこの点に関しての認識をアップデートしてくれたことがあります。

私が主宰する学習機会に参加してくださる人たちは、本当に優しくてハートフルなパーソナリティの方々ばかりです。

ただ、そのせいで下位2割の人に過剰にリソースを奪われてしまい、心身ともに疲弊しきっている状態の人も数多くいました。

どうかフリーライダーレベルで仕事をしている2割の部下まで、無理に何とかしようとしないでください。

代わりに、そのエネルギーを残りの8割に注いでください。

その際、あなたの分身的存在である上位2割には、ほとんどリソースを割く必要はありません。

むしろ、忙しい皆さんのサポート役になってもらいましょう。

私たちが特にエネルギーを注いでいかないといけないのは、真ん中のフォロワー的部下です。この6人は、マネジャーからの効果的な支援次第で、主体性や当事者意識を発揮して自律的に働いてくれるようになります。

ベースがフォロワーシップなので限界はあるのですが、それでもできる範囲で、自らを成長させていってもくれるでしょう。


逆に、もし適切な支援ができなかった場合は……。

下位2割のフリーライダーに引っ張られ、翻弄され、拡声器のように不平や不満ばかりを口にする存在へと変貌してしまいかねません。

なにせ10人中6人と多数派なので、集団全体の空気や大勢を決めてしまう力が、良くも悪くも彼ら彼女らにはあるのです。

だからこそ、手間や時間を割いて丁寧な働きかけを行っていく必要があります。

具体的な支援方法については、次章以降で詳しく解説していきます。

## 「現状維持に抗って意志を貫ける人」はほとんどいない

最後に、本書のマネジメントが前提とする3つめの大切な本質です。

**部下は、「意志より環境で成長していく」。**


これはいったいどういう意味なのか。

ここまで、「人は変わらない」と書いた一方で、「人は集団になると2・6・2に分かれて変わってしまう」とも解説しました。

変わらないのか、変わるのか。

表面的に文字だけを切り取ると「矛盾してるじゃないか」と言われそうですが、この2つの本質には、重要な前提が隠れています。何か、わかるでしょうか。

答えは、「**人の意志の脆弱性**」です。

たとえば、「5キロ以上ダイエットしたい！」と決意したとしましょう。前述の通り、この意志は「現状維持志向」によって脆くも崩れ去るケースが大半です。

一方で、「3カ月後に結婚式があるから」とか、「計量をパスできないと失格になって試合に出られなくなってしまうから」といった強力な制約があれば、現状維持の引力に打ち勝ち、変化し、目標を達成できる場合もあります。

とはいえ、これは意志の力で継続したのかというとそうではなくて、達成するしかない環境・状況・境遇に身を置いたからという側面が強いはずです。

あるいは、個人として強烈な意志をもって禁酒に臨んでいたとしましょう。

ところが、一緒に脱アルコールを始めたメンバーが次々と挫折していったとしたら。そんな集団の姿を、目の前や周辺視野で見せられ続けたとしたら……。

自分のモチベーションもダウンしてしまうのではないかと思います。

なぜ、人は集団になると2・6・2に分布してしまうのか。

それは、「現状維持に抗って意志を貫ける人」がほとんどいないからです。

人には誰しも、できるだけ楽をしたい、手抜きをしたいという気持ちがあります。下の2割に限らず、「フリーライドできるならそれに越したことはない」という願望が私にもあなたにも少なからぬ割合であるからこそ、「社会的手抜き」といった主体性を欠いた現象が起きてしまうのです。

加えて、そもそも日本人は、「個人の意志」より「世間・集団・組織の意志」を重視する歴史を積み上げてきました。

「当事者意識をもって」と頭ではわかっていても、少し気を抜くとすぐに、**自分を消して、周囲の空気に合わせようとするマインドセットが支配的になってしまう**のです。

このような傾向が私たちにまだまだ残っているからこそ、組織の影響や同調圧力を受けて、すなわち「環境」のせいで、多くの部下が易きに流れていってしまう……。

これが、上位2割以外の8割が生まれたり、「受動的で何が悪い」と開き直り、下位2割のような存在にまで人が堕落してしまう根本的な理由なのです。(5)

(5) ここまでの話が特に日本において顕著なのではないかという認識に至った参考文献の例としては、『「空気」と「世間」』鴻上尚史（講談社）が読みやすいと思います。

## 「部下が自ら成長していく組織」に少しずつ変えていく

上司も部下も、あなたも私も、個人の意志の力なんてものは限られている。

時間的には「現状維持バイアス」に引っ張られるし、空間的＝環境的＝集団的には「2・6・2の法則」に絡めとられてしまう。しかも、日本人や日本的組織という環境においては、その傾向がさらに顕著になってしまう……。

「随分と情けないな」と感じた人も多いと思いますが、私は日本人や日本的な組織を批判したいわけではありません。

これが現状である以上、直視して前提としなければ、日々の仕事に役立てられるような話がこれから先できなくなってしまうと考えているだけです。

実際、この本質から出発することで、マネジメント業務における大切な心の構えについて導出することができます。

**「意志」よりも、「環境」。**

まずは、「2・6・2」の法則を前提に、とりわけ中位6割の部下が、下位2割のノイジー・マイノリティ(声だけ大きい少数派)に引っ張られて主体性や当事者意識を消して同調してしまわないような環境を、マネジャーとして提供し続けること。ここをクリアしないと、「部下が自ら成長していくような組織」にはどう頑張ってもなりえません。

一方で、1つめの前提である「現状維持」志向も常に働いているため、決して部下に、急激な変化や成長を期待しないことも重要です。

すなわち、「少しずつ」「時間をかけて」「マイクロ・シフト」で部下が変化・成長していけるような支援を積み重ねていく。

「マイクロ・シフト」を漢字2文字で端的に換言すれば、「**漸進**」。これが、3つの前提から導き出される、部下マネジメントの大切な基本姿勢です。

## マネジャーの仕事は「環境整備＝支援＝働きかけ」

ここまで、「紙1枚」にまとめるというノウ・ハウ（Know-How）以前のノウ・ワイ（Know-Why）として、3つの本質を共通認識にしてきました。

本章を終えるにあたり、最後に「ハードルコントロール」の話をさせてください。

というのも、真摯にマネジャー業務に取り組んでいる読者さんほど、「部下を何とかして変えなければならない」「周囲に左右などされてはならない」「どんな環境であっても自らを律して、部下も律して」、等々。

とにかく、頑なに考えがちな傾向があります。

そんな人ほど、この章を通じて「組織人」になると人間はどうなってしまうのかということへの認識を、少しでも深めてもらえたのであれば嬉しいです。

そして、部下には、現状維持志向が発動しないくらいの小さな成長を、自らの意志でコツコツ積み重ねていってもらう。

そのための環境整備＝支援＝働きかけができれば、マネジャーとしての責任はもうそれだけで十分に果たせている。

どうかこのようなハードル感で、自身のマネジメント観を捉え直していってほしいと願っています。本章が良いきっかけとなれば嬉しいです。

## 第1章での学びを、3つに絞り込んで言語化してみると？

●「人は変えられない」を前提にマネジメントを行う
●「自分自身なら変えられる」が、日本的組織ほど「自分」を消しがち
●変化・成長を促す支援は、「急進ではなく漸進」で

自分自身にとってはどんな学びがあったか「言語化」してみてください

# 第2章

# 「目的のジブンゴト化」が部下の主体性を引き出す

## ――「紙1枚」でできること①

## 「もっと自分で考えろ」と言っても部下が動かない理由

前章では、部下のマネジメントを行っていくうえで、困った時に何度でも立ち返るべき重要な3つの前提について学んできました。

こうした心の構えをベースに、本章からはいよいよ実践編です。

まずは、事前に開催したワークショップで最も多かった「**部下が能動的に働いてくれない**」という悩みを題材に、その解決策を示してみたいと思います。

改めまして、部下の主体性や当事者性に関する悩みの一覧です。

**1　部下の「働き方・姿勢・モチベーション」等に関する悩み**

- 部下が、主体的に仕事をしない
- 上司の指示待ちで、自分なりに考えて動こうとしない
- 当事者意識が感じられない、会社より自己都合を優先しがち

・会社に明確なビジョンや方針がないため、部下が判断基準をもてない
・上の判断がコロコロ変わり翻弄され、一貫した姿勢で働けない

前章で学んでもらった通り、特に日本的カルチャーを色濃く残した組織・環境では、知らず知らずのうちに「自分の意志よりも、自分以外の集団的な意志・空気・同調圧力」を優先しがちです。

したがって、「自分で考えろ」「当事者意識を発揮しろ」と頭ごなしに言ったところで、それだけでは暖簾《のれん》に腕押し状態が続いていくだけとなってしまいます。

「社会的手抜き」や「意見・主張より世間・空気」といった受け身の状態を乗り越え、部下が能動的に働いてくれるようになるにはいったいどうすれば良いのか。

今回リストアップした5つの悩み全てを一挙に解決できるキーワードをヒトコトで言語化してしまうと、結論は「**目的のジブンゴト化**」です。

このヒトコトを腑に落とすべく、どうか後半で登場する「紙1枚」ワークも実際にやりながら、これから読み進めていってください。

## トヨタの強さの源泉「言語化力」

皆さんの会社では、理念や方針、ビジョン等が策定されているでしょうか。

それらは実際にどの程度、定着あるいは機能しているでしょうか。

私がサラリーマン時代の大半を過ごしたトヨタには、「トヨタフィロソフィー[6]」といったものがあります。

一部を紹介すると、たとえばミッションの項目には「**わたしたちは、幸せを量産する**」、あるいは、ビジョンとして「**可動性《モビリティ》を社会の可能性に変える**」といった言葉も掲げられています。

あなたの会社には、このように明文化されたものがあるでしょうか。

他にも、「基本理念」「トヨタウェイ」「トヨタグローバルビジョン」「トヨタ・ビジネス・プラクティス」、等々。さまざまなレイヤー・位置づけ・目的で、マネジャー・プレーヤー問わず全社員が働くうえで重視すべきことが言語化されています。

「はじめに」でも書いた通り、トヨタには「視える化（みえるか）」という有名な企業文

（6）詳細はトヨタ公式企業サイトで確認できます。https://global.toyota/jp/company/

化があり、こうした明文化もその具体例です。

本書はトヨタ論の本ではないので詳しい話は他の拙著に譲りますが、トヨタの強さの源泉の1つが「言語化」力であるという点だけは、本書でも強調しておきたいと思います。

加えて、ミッションやビジョンを達成するために、あるいは理念や規範を体現するために、トヨタでは1年ごとに「年度方針」が策定されています。

ただ、時間軸としては「年度」方針ですが、空間軸に重きを置けば、これは「全社」方針と言い換えることも可能です。

なぜこう言い換えたのかというと、「全社」としての方針ができあがり次第、今度はそれが「部門」方針、「部」方針、「室」方針、「グループ」方針というように細分化、ブレイクダウンされていくからです。

各トヨタパーソンは上部方針を一通り確認しつつ、最終的には自分の業務の方針を「紙1枚」に書き出してまとめていきます。

これが最も具体的で、自身の仕事に直結する**「目的＝何のために働くか？」の方針**です。全ての仕事は、自らの言葉で言語化したこの方針を達成するために行い、方針に沿って働くことが、最終的には全社方針や企業理念、フィロソフィーといったものとつながっていく。

逆もまた真なりで、そうした上位方針や明文化された組織文化との「**つながりを実感して働ける**」からこそ、ブレずに、主体的に、当事者意識を発揮して日々業務を遂行していけるようになるのです。

以上、トヨタのマネジメント手法の1つである「方針管理」の一端をご紹介しました。英語では「Hoshin-Kanri」とそのまま表記され、世界中のトヨタで実践されています。あなたの会社には、似たような仕組みがあるでしょうか。

## 社員の「言語化」を促すグロービスのリトリート

一方、転職したグロービスでは、次のような取り組みが行われていました。

入社してまもなく、上司から「今度みんなで集まってホテルに籠るから」と言われ、訳もわからずとりあえず参加するという機会がありました。

当日は会社の理念や歴史、方針を再確認する時間があり（私にとっては確認ではなく初めての機会でしたが）、それをベースに、自分はこの1年どう働いていきたいかについてグループで話し合ったりしました。

ちなみに、グロービスのビジョン[7]は「**経営に関するヒト・カネ・チエの生態系を創り、社会の創造と変革を行う**」と言語化されています。

私は「GLOBIS知見録」というオウンドメディア（自社媒体による情報発信）業務を担当していましたので、このビジョンでいうと「チエ」の領域に該当します。

グループで話をしながら、「**ああ、これから自分はビジネスに関する有益な知見（＝チエ）を社会に届け、ビジネス環境の底上げに貢献する仕事をしていくんだな**」という感覚が高まっていき、帰京後はシンプルな判断基準のおかげで能動的に働けるようになっていきました。

仕事をしていて選択に迷う時も、「ビジョンの達成につながるかどうか？」というシンプルな問いに立ち返ることで、ズレたりブレたりすることなく動けるようになっていったのです。

以上、こうした取り組みについてグロービスでは「リトリート」と呼ばれています。も

（7）詳細はグロービスの公式企業サイトで確認できます。https://globis.co.jp/vision/

ちろん社員同士の懇親や組織としての一体感醸成といった目的もあるのですが、本書の文脈では「これは要するにトヨタの方針管理と同じことを、カタチを変えてやっているんだな」と体感する機会になりました。

## 主体的・能動的に働くには「目的のジブンゴト化」が必要

ここまで、トヨタ、グロービスのそれぞれで体感したエピソードを通じて、まずは私自身がどうやって当事者意識を発揮し、主体的・能動的に働けるようになったのかを共有させてもらいました。

2つの体験談は、表面的には異なる内容に見えたかもしれません。

ですが、根底に流れているアプローチは両社とも同じで、それが本章の冒頭で言語化した「**目的のジブンゴト化**」です。

ここから先は、特に皆さんの会社と照らし合わせながら読んでほしいので、ステージ別に箇条書きしてみます。

あなたが置かれている状況は、今どの段階でしょうか。

- **ステージ1：ビジョンや方針が、そもそも策定されていない**
- **ステージ2：策定されていても、会社から明確な説明がない**
- **ステージ3：説明もあった気はするが、覚えていないし活かせてもいない**

まずは「**ステージ1：ビジョンや方針が、そもそも策定されていない**」という段階です。日々多くのビジネスパーソンの方々と関わっていると、次のようなセリフを見聞きする機会が頻繁にあります。

「いやー、うちの会社は方針とかビジョンとかないんですよね」

独立して社会人教育の世界で働くようになって10年経ちましたが、特に初期の頃は、こうした発言をする人が思った以上にたくさんいて、見聞きするたびに驚いていました。

ビジョンや理念、方針等が何もないと断言することは、「何のために働くのかという判断基準・ものさしがありません」と宣言しているに等しいからです。

そんな状態では、マネジャーとしてもプレーヤーとしても、判断や選択、意思決定することができなくなってしまいます。

「何を軸に管理したら良いかわからない」と言っている人に、そもそもマネジャー業務は務まりません。にもかかわらず、「うちにはそんなのありません」と平然と言ってのけてしまう人が、どうしてこんなにも数多くいるのか……。

## 「部下が自ら変わっていくマネジメント」に向けた第一歩

多くのビジネスパーソンと交流する中で、しだいに問題の所在がわかってきました。

「うちの会社にはビジョンがない」と公言し、勤務先への不平不満に終始するマネジャーには、ある共通点があります。

それをヒトコトで言語化したものが、次の1行です。

**他ならぬマネジャー自身が、主体的に働けていない。**

第1章で「世間」や「空気」、「社会的手抜き」といったキーワードを紹介しました。個人としての能動性よりも、集団への受動性を優先する傾向の強い組織が日本にはまだまだ多いため、そのような職場環境ではそもそもマネジャー自身が主体的な姿勢で働きにくくなってしまう……。心当たりのある人は、まずはこうした前提やメカニズムについて深く認識してほしいと思います。

そのうえで、**自身の当事者意識を取り戻すことから、全てをリスタート**していきましょう。それができない限り、部下も受け身でしか働いてくれないという構造がいつまでも再生産されていくだけです。

部下を変えようとするのではなく、自分自身を変えていく。

これもまた、第1章で学んだ大切なマインドセット（の1つめ）でした。

こうやって適切な認識＝ノウ・ワイ（Know-Why）をベースにするからこそ、実践へのモチベーションもわいてくるはずです。その結果、最終的には部下が自ら変わっていくようなマネジメントにもつながっていきます。

## 会社の存続には
## ビジョンの言語化が欠かせない

ここまでの話がさらにピンと来るように、ある企業での講演登壇時に出会った受講者さんとのエピソードをシェアさせてください。

その方も、当初は「うちの会社には理念とかビジョンとか、そういうのないんですよ」という状態で、まるで自身は被害者であるかのように振る舞っていました。

本人は「大変ですね……」とだけ言ってほしかったのだと思いますが、ひとしきり傾聴し労いの言葉もかけたうえで、私はこのマネジャーさんに次の質問を投げかけてみました。

「本当に、絶対に、断じて何もないですか?」

私自身、2012年に独立起業してからは、サラリーマンではなく経営者としてのキャリアも積み上げてきています。

法人化し、「**1枚で 自力と自信 輝かす**」というビジョンを掲げ、自社の事業を営んでいるからこそ断言したいのですが、もし本当に理念や方針、パーパスといったものが何もなかったら、その会社はそもそも存続なんてできていません。

このマネジャーさんの勤務先は誰もが知っている大企業であり、何十年も存続している会社です。

したがって、「ない」ということはあり得ない。というより、部外者である私ですら、その企業について書かれた本を読んで知っていたのです。

つまり、あるはずのビジョンや理念を、本人がただ「ない」と思い込んでいるだけ……。これが実態でした。

実際、その場で会社のホームページにアクセスしてもらったところ、ビジョンも理念も、ミッションもバリューも、およそ「何のために働くのか」を掴むには十分すぎる情報が言語化されていました。

加えて、社内のイントラの方には「本年度方針」なる項目があり、社長が1時間かけてエネルギッシュに熱弁している動画まで掲載されていました。

もし、あなたも「ステージ1：ビジョンや方針が、そもそも策定されていない」と感じているのであれば……。同じ投げかけをしたいと思います。

本当に、絶対に、断じて何もないのでしょうか。

## 全社方針と業務のつながりを言語化せよ！

以上を踏まえ、「**ステージ2：策定されていても、会社から明確な説明がない**」の方に進みます。

実は先ほどの受講者さんは、ホームページを見て次のように反応しました。

「こんな抽象的な理念や方針では、ないのと同じです」

なるほど、確かに「うちの会社のビジョンはポエムのようなものなので……」と言う人に、これまでたくさん出会ってきました。読者の皆さんの中にも、同じように感じている人がいるのではないかと思います。

ただ、大組織になればなるほど、扱う商品やサービス、事業領域が多ければ多いほど、それらを包含する理念やビジョン、方針といったものが抽象的になるのは、当然のことなのではないでしょうか。

「個別具体的な全社方針」などというものは、言葉として矛盾しています。

**方針とは、そもそも抽象的なものなのです。**

「会社はもっと具体的なパーパスを！」と言って私に不満を吐露する人は多いのですが、どうかこれを機に目を覚ましてほしいと思います。

マネジャーであるあなたが問われていることは、そうした抽象的な表現を自分なりに咀《そ》嚼《しゃく》し、自組織の業務とのつながりがわかるように言語化することなのではないでしょうか。どうか、この機会に自身の姿勢と真剣に向き合ってみてください。ここが、本書を通じてビフォーアフターを実現していけるかどうかの重要な分岐点です。

## 自分では変えられない領域にはフォーカスしない

さて、最後は「**ステージ3：説明もあった気はするが、覚えていないし活かせてもいない**」の段階ですが、これはもう解説不要だと思います。

ステージ1やステージ2と同様、この段階もマネジャー自身が、能動的に自業務に当てはめることを怠っているからだと、本書では考えます。

会社でも部下でもなく、自分自身に問題の所在や真の原因を見出していく。

第1章で学んだ通り、「変えられるのは自分だけ」です。そうである以上、このような捉え方をしない限り、あなたの力で状況を好転させていく道は拓《ひら》けません。


以上、ここまでの3つのステージはいずれも、マネジャー自身の主体性や当事者意識の有無に左右されることを明らかにしてきました。

部下を変えられないのと同様、上司や会社もカンタンに変わってはくれません。

そもそも本書は経営者向けの本ではないため、「経営者として、ビジョンや方針をもっと明確にするべきだ」といった話をするつもりは一切ありません。自分では変えられない領域には、そもそもフォーカスしない。これが、本書のスタンスです。

もちろん、もしかすると本当にステージ1やステージ2の段階で経営者側に不備があるのかもしれません。ですが、たとえそうであったとしても、やはり変えられるのはマネジャーとしての自分自身の在り方や行動の方です。

したがって、「うちの理念はポエムだ」と言って嘆くのはいったんストップして、自分なりに咀嚼し、認識を深め、そのポエムを日々の業務と接続していきましょう。

## 「書き出す、話す、繰り返す」が重要

いったいどうすれば、そんなことができるのか。

前述の2つのエピソードを、ここで改めて思い出してみましょう。

トヨタでもグロービスでも、やっていることの本質は、実にシンプルなものでした。

ヒトコトで言語化すれば「インプットのみではなくアウトプットも」であり、アウトプットという言葉を具体化すれば、次の3つの動作に変換できます。


**書き出す、話す、繰り返す。**

トヨタであれば、方針を自分なりに「書き出す」ことを通じて。

グロービスであれば、リトリートで自分なりに「話す」ことを通じて。

加えて、両社とも1回書いて、1回話してお終いとはせず、期中に何度か、上司と部下がお互いに「話しながら」「書き直しながら」、仕事の目的を点検・確認・改善していく機会を設けていました。

これが、最後の「繰り返す」に該当します。


あなたが今、何のために仕事をしているのかについて、うまく部下に説明できないのだとしたら……。その理由として、会社が何のための仕事なのか明確に説明してくれないからだと、他責的に感じてしまっているのだとしたら……。

変えられないものにリソースを割き、「変わらない」と言ってグチをこぼす姿を部下に見せ続けるのは、バッドサイクルにつながります。

部下もまた、あなたと同じ言動を踏襲していくだけです。

「子は親の鏡」といった格言がありますが、これはマネジメントにも当てはまります。

「部下は上司の鏡」だと捉え、部下の姿に、他責的で、受動的で、当事者意識を欠いた「自分の姿勢」を見出していけるのであれば……。

これから手渡す「紙1枚」書くだけのシンプルな解決策について、「よし、これをさっそく、部下の○○と○○にやらせよう」ではなく、「**まずは自らが率先してやってみよう**」という心境に、自然となれるはずです。

そうなってくれることを願って、ここまでの話を積み上げてきました。

このような「心の構え」がない人に、あるいはノウ・ワイ（Know-Why）がわかっていない人に本書の手法を手渡しても、部下を困らせたり、シラケさせたりするようにしか活用できないからです。

あなたが、ここまでの流れにうまく乗れていることを願います。

## トヨタで学んだ「紙1枚」で言語化する技術

それでは、「部下に主体的に働いてもらうために、まずは他ならぬ自分自身が、能動的に、主体的に、当事者意識を発揮して働いていく」を体現できる手法について、これから紹介していきます。次ページの図表3に示した「紙1枚」に、緑・青・赤の3色のペンを

**図表3　主体性を発揮して働けるようになる「紙1枚」**

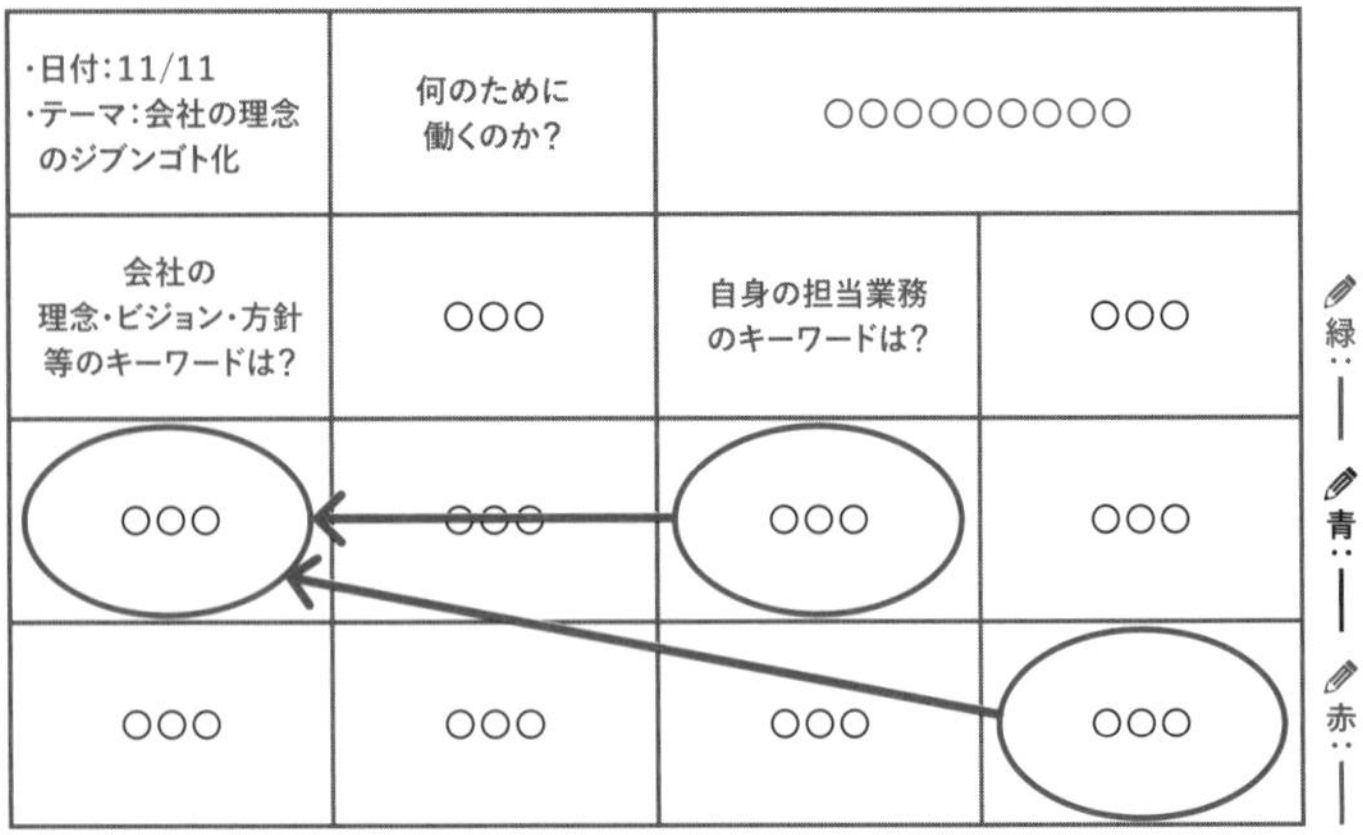

| ・日付：11/11 ・テーマ：会社の理念のジブンゴト化 | 何のために働くのか？ | ○○○○○○○○○○ | |
|---|---|---|---|
| 会社の理念・ビジョン・方針等のキーワードは？ | ○○○ | 自身の担当業務のキーワードは？ | ○○○ |
| ○○○ | ○○○ | ○○○ | ○○○ |
| ○○○ | ○○○ | ○○○ | ○○○ |

使って記入していけばＯＫです（3色の理由の説明は89ページで）。

このシンプルな「紙1枚」は、私が提唱しているビジネススキル：「1枚」フレームワーク®を、今回の目的である「主体性を発揮して働けるようになる」を達成するためにカスタマイズしたものです。

**「1枚」フレームワークは、トヨタの社員が日々作成している資料を独自に研究し、その本質のみを抽出して、資料作成に限らず他の多くのビジネススキルに適用できるように体系化・手法化**したものです。

思考整理やコミュニケーション、本書のテーマであるマネジメント等々。およそビジネス書が扱うテーマであれば、ほぼ全てに応用が可能です。序章で紹介したカッツモデルの3スキルも、この手法1つで全てカバーできます。

本書は「1枚」フレームワークそのものについて学んでもらうことよりも、「1枚」フレームワークを「使うこと」の方に重きを置いているため、この手法の詳しい成立背景等については、最低限しか紙面を割きません。さらなる詳細は、本書が出るまでの最新刊だった『トヨタで学んだ「紙1枚!」で考え抜く技術』といった他の拙著を参照してください。

とりいそぎ本書の実践にあたっては、トヨタの資料が、次ページの図表4のように**「1枚」の紙に、いくつかの「枠=フレーム」を用意し、各枠に「テーマ」を決めて埋めていくことで作成されていた**という点のみ、知っておいてもらえれば大丈夫です。

これらが良い意味で、考えたり伝えたりする際の縛り=「**制約**」として機能することで、あれもこれも資料に盛り込むことができなくなってしまいます。

その結果、資料作成の過程で、半ば強制的に「考え抜く」習慣を身につけることができるのです。

また、端的な文章にまとめなければ枠内にも1枚にも収められないため、要約力や言語

図表4　トヨタで作成していた「紙1枚」の例

［企画書］
○○部長殿
○年△月×日
○○○部 浅田
～の企画について
1. 企画の背景
2. 企画の概要
3. 予算・発注先等
4. スケジュール
以上
［出張報告書］
○○部長殿
○年△月×日
○○○部 浅田
シンガポール出張報告
1. 出張目的
2. 打ち合わせ結果
案件1
案件2
案件3
3. 今後の対応
以上
［問題解決］
○○部長殿
業務の進め方の見通しについて
○年△月×日
○○○部 浅田
1. 問題の明確化
2. 現状把握
課題
課題点
詳細
3. 目標の設定
4. 真因分析
5. 対策立案
6. 実施結果
7. 今後に向けて
以上

化能力、抽象と具体を自由自在に行き来できるような思考力なども、自然と磨かれていきます。

加えて、そうやって繰り返し思考整理をしたうえで報告・連絡・相談・プレゼン等のコミュニケーションに臨むことになるため、短時間でわかりやすく相手に説明する力や、何を聞かれても的確に返答できるような応答力といったものまで身についてしまいます。

このように、トヨタの「紙1枚」文化を通じて、私は全ての業務のベースとなるような仕事力を、序章で紹介したカッツモデルの表現で言い換えれば「テクニカルスキル」を、一括して修得できる体験をしました。

「『紙1枚』にまとめるというシンプルな動作だけでここまで自らを変化・成長させることができるのか！」と驚愕《きょうがく》した結果、気づけばこの文化をトコトン究めるべく、仕事をしながら独自に研究を重ねていきました。その結晶が、先ほど書いた「1枚」「枠＝フレーム」「テーマ」という3要素であり、この3つを組み合わせてフレームワーク化したものが、先ほどの図表3（80ページ）の枠組みとなります。

「1枚」と「フレーム」は、見ての通りです。日付を記した左上の枠内に緑のペンで書かれている文字が、もう1つの要素である「テーマ」に該当します。本書ではこの後もさまざまな「1枚」フレームワークが登場しますが、全てこの3要素を満たして構築していますので、出てくるたびに確認するようにしてください。

それでは、実際に記入していきましょう。次の3ステップでOKです。

## STEP 1 理念やビジョン、方針等からキーワードを抜き出す

まずは、左半分を埋めていきます。

自社の理念やビジョン、方針等を確認し、そこからキーワード抜き出して記入していってください。その際、できれば青ペンでの書き出しを推奨していますが、なければ黒でも構いません。

フレームは5つ分ありますので、キーワードが多そうな場合は、理念だけ、ビジョンだけというように抜き出す対象を絞り込んでください。

また、各フレームに書く言葉は長くても3行までとします。

できるだけ端的に、文章よりはフレーズ単位で。あるいは、フレーズよりも単語レベルで記入することを目指してください。

その際、もしキーワードと言えるようなものが何も見当たらないのであれば、「要するに何が言いたいのか?」「煎じ詰めると?」「親や親戚、友人といった何も知らない人に説明するなら?」といった問いを立てて自問し、この時点からもう自身の言葉に変換して書き込んでもらっても構いません。

慣れるまでは大変だと感じる人もいると思いますが、スポーツにおけるトレーニングと同じだと捉え、まずは質より量、継続することを最優先にして取り組んでいってください。継続すれば、しだいに歯磨きレベルで実践できるようになっていきます。

## STEP2 自身の担当業務のキーワードを書き出す

続いて、自身の担当業務のキーワードを右半分に書き出していってください。

1つの業務に絞った方がやりやすいと思いますが、もし複数の業務についてそれぞれキーワードを書き出した方が埋めやすいと感じるなら、それでもOKです。

この辺りは人によって相当に個人差が生じてしまうところなので、何回か書いてみる中で、自分なりに最適なバランスを見出していってください。

なお、書き込む際のコツ等は、STEP1の時と同じになります。

## STEP 3 赤ペンで左と右のキーワードをつなげ再解釈する

書き終わったら、全体を俯瞰《ふかん》で眺め、見比べてみましょう。

「左右でつながっているキーワードはあるか?」という問いを立て、各キーワードを1つ1つじっくり観たり、味わったり、比較したりしてみてください。

「この辺りがつながっているかも!」「そうか、理念やビジョン、方針のこの部分と自分の業務が重なるのか!」といった接続が見出せたのであれば、それらの言葉に赤ペンで○をつけ、線でつないでいってください。あるいは、空いたスペースに浮かんだ言葉を書き足したりしてもらっても構いません。

最後に、「紙1枚」の上段に記載した「何のために働くのか?」という問いに関する答えをまとめ、自分なりの表現で記入してください。ここは赤ペンでの記入を推奨していますが、他のプロセス同様、なければ黒ペンでも構いません。

記入スペースは限られていますが、だからこそ「煎じ詰めれば?」「結局のところ?」といった問いが自然と生まれ、端的かつ腑に落ちる表現で言語化できるようになっていきます。

書いている中でスッキリするような感覚、あるいは視界がクリアになるような心境が生まれてきたら……。

それこそが、会社の目的を自身の目的として取り込めた瞬間です。

今後この「紙1枚」が、仕事をしていくうえでの重要な判断基準として、パワフルに機能していきます。ブレずに、能動的に、主体性を発揮して働けるようになるはずです。

以上、これで「**目的のジブンゴト化**」が完了しました。

3つの手順に沿って「紙1枚」書くだけで、当初はポエムとしか感じなかった会社の言葉を、自分の業務に引き寄せて再解釈し、自身の言葉で言語化することが可能になります。参考までに、本書の執筆をテーマにした「紙1枚」の記入例（次ページの図表5）を紹介しておきます。

左半分は、会社（「1枚」ワークス株式会社）が掲げる理念やビジョンです。一方、右半分は自身の担当業務（本書の執筆）についてそれぞれ青ペンで書き出してあり、両者を見比べながら、赤ペンで今回の仕事の目的をまとめています。

実際、この「紙1枚」は本書執筆時の根本動機・モチベーションの源泉となりました。

## 図表5　「紙1枚」で本の執筆の目的をジブンゴト化

| | | | |
|---|---|---|---|
| ・11/11<br>・本の執筆の目的 | 何のために<br>書くのか？ | マネジャー自身が、「紙1枚」書くだけで<br>「部下の支援力」を高めていけるような<br>読書・学習機会を提供するため | |
| 会社の<br>理念・ビジョン・方針<br>等のキーワードは？ | 「伝わる」学び<br>「傍らく」喜び<br>「選ばれる」日々 | 自身の担当業務<br>のキーワードは？ | その姿を見せ続ける<br>ことで、部下の自力と<br>自信も輝かす |
| 「1枚」で<br>自力と自信<br>輝かす | 仕事に「型」を<br>自分に「柱」を | 今回は初の<br>マネジャー向けの<br>本 | 支配のマネジメント<br>から<br>支援のマネジメント |
| 「1枚」で本質<br>つかめば自由自在<br>「生きたい」ように<br>「生きられる」学びを | ○○○ | まずは、マネジャー<br>自身に、自力を自信<br>を取り戻してもらう | ダイバーシティの<br>時代だからこそ、<br>「共通言語」「型」を |

緑：―　青：―　赤：―

あるいは、迷った時の明確な判断基準としても機能し、一貫した仕事を成し遂げるために大活躍してくれました。

最後まで能動的に、主体的に、積極的に取り組めたのは、この「紙1枚」のおかげです。

ぜひ、自身の業務をテーマに、自分バージョンも作成してみてください。

## 「1枚」フレームワークは一発勝負を前提にしていない

ここからは実践の後押しをするべく、「1枚」フレームワーク紹介時によくもらうリアクションについて、ケアをしていきたいと思います。

まず、緑・青・赤と視覚的な変化をつけて思考整理する理由は、その方が言語化の促進効果が高くなるためです。なので、言語化が苦手だと感じている人ほど、素直にこの3色で実践することをおススメします。

とはいえ、まずは着手することを最優先にしてほしいので、手持ちのカラーペンがなければ、当初は黒1色でも構いません。

その後、何枚か書いてみて本格的に継続したいと感じられたのであれば、なおかつ自身の言語化能力を高めていきたいと切実に希求しているのであれば、モノクロよりも効果的・効率的にトレーニングできるカラーによる思考整理をぜひ取り入れてみてください。

次に、「1枚」フレームワークがあまりにもシンプルな手法だったため、拍子抜けしている人がいるかもしれません。

そういう方は、ぜひ「あっけないほどカンタンだからこそ、実際に行動に移せるというメリットがあるのだ」と捉えてみてください。

むしろ、実践をゴールとするビジネススキルは「シンプル・カンタン・あっけない」でなければならないという設計思想のもと、私は10年にわたって効果的なスキルの開発に奮闘しています。

実際、慣れてくれば5分程度で記入できるようになるはずです。

にもかかわらず、この「紙1枚」の作成を通じて、「**会社とのつながりを実感できた**」「**何を指針にして働けば良いか納得感が高まった**」「**5分前の自分とは別人なんじゃないかというくらい、今の仕事にモチベーションがわいてきた**」等々、多くのビジネスパーソンがビフォーアフターを体感しています。

スキマ時間レベルの投資でこういったリターンが得られるのであれば、タイパ（タイムパフォーマンス）的にも十分に及第点と言えるのではないでしょうか。

それと最後にもう1つ、実践時の共通了解にしておいてほしいことがあります。

「1枚」フレームワークは、基本的に一発勝負を前提にはしていません。

STEP2の際に「何回か書いてみる」と書きましたが、2回め、3回めという具合に繰り返し思考整理を重ねていくことで、言語化を研ぎ澄ませていく。クオリティをドンドン上げていく。その過程で、さらに会社の方針や考え方とのつながりが濃くなり、主体性や当事者意識も高まってくる。

これが、理想的な実践のイメージです。

何が言いたいのかというと、このように**複数回書くことを前提にしているからこそ、1回あたりの負荷はトコトン下げてある**。そのように認識してほしいのです。

実際、3回書いたとしても、合計で15分程度しかかかりません。

NHKの朝の連続テレビ小説やEテレの1番組を見終わる程度の時間で済むわけですから、十分に現実的なスキルとみなせるのではないでしょうか。

## 主体的に働けている姿を部下に見せていく

何より、この「紙1枚」の最終ゴールは、「部下にも書いてもらうこと」です。
だからこそ、あっけないほどシンプルであることに、さらなる価値が生まれてくるのではないでしょうか。

まずは自身の主体性や当事者意識を取り戻すべく、この手法を実践し、さまざまなカタチで体現している姿を見せ続けていきましょう。

受講者さんの中には、このような「紙1枚」を仕事で使用するクリアファイルに入れて、常に持ち歩いている人もいます。

仕事中、折に触れて取り出しては眺め、「何のために働いているのか?」を見失わないようにしていく。そうやって、まずは自分自身が、目的を意識することで主体的に働けている姿を、部下に見せていくのです。

会社や経営層を批判するのではなく、自らが能動的に、当事者意識を発揮して働いている姿を体現していく。

その結果、少しずつ、部下の心境も変化していくはずです。

前章で解説したフリーライダー的な部下もいるため、決して全員は目指さなくてOKなのですが、フォロワー的な大半の部下は、あなたの能動的な姿勢＝環境の影響を受け、同じように働きたいと感じてくれる可能性が十分にあります。

このような取り組みを続けていく中で、部下から「私もやってみたいです」といった声が聞こえてきたら……。

もうこの時点で、本章の悩みはほぼ解決したと思ってください。

この章で紹介した「紙1枚」の書き方（ノウ・ハウ）やその背景（ノウ・ワイ）を部下に説明し、実際に書かせてみましょう。

ただ、今「書かせる」と表記しましたが、この言葉に強制的なニュアンスはありません。**部下は、あなたの話を聞く耳をもった状態でこのフェーズに突入しているため、驚くほど素直に、前のめりで書いてくれるはずです。**

逆に言うと、自身が全く実践せず、部下の興味関心も喚起できていない状態で無理やり書かせようとすると、まず間違いなく受け身の姿勢でしか書いてくれません。それは強制であり、強権を発動すれば、それはもはや支配です。

部下のマネジメントなのに、なぜ自分が実践しなければならないのか。

第1章の内容と組み合わせることで、「なるほど！」とさらに深く納得できたのではないかと思います。

## 1時間以内でできる「目的のジブンゴト化」マネジメント

なお、もし「紙1枚」の書き方の説明が大変だと感じるのであれば、本書を部下に手渡してしまってください。

あるいは、後述する「実践サポートコンテンツ」（97ページ、235ページ）で配布しているデジタル版の「紙1枚」を画面共有すれば、テレワーク形式でも実践は可能です。

また、個別ではなく複数人でやるような場合は、デジタル版の「1枚」フレームワークをプリントアウトして人数分配布し、5分から10分程度の時間をはかって一斉に記入してもらっても良いと思います。

その後、30分程度の時間をかけてお互いに発表し合うことで、「書き出す」だけでなく「話す」ことによる言語化も促進できるはずです。

**「目的のジブンゴト化」マネジメント**は、1時間以内で十分に可能だと捉えてください。それでも、これでグロービス時代のエピソードとして紹介した「リトリート」と同様のことを達成できます。ぜひ気軽にトライしてみてください。

「書き出す」「話す」に加え、最後のキーワードは「繰り返す」でした。

一通り「目的のジブンゴト化」が完了したら、やりっぱなしでお終いにするのではなく、何度か確認する機会を設けるようにしてください。

ウィークリー、マンスリー、四半期単位、等々。

どの時間スパンが適切かは人によって変わると思いますので、部下の主体性や当事者意識の発露を観察しながら、必要なタイミングで実施していってください。

ちなみに、トヨタでは期初の4月に言語化した個人方針を、半年後、9カ月後、期末の計3回確認していました。

1つの目安として参考にしてもらえれば幸いです。

## パソコン上でも実践可能な「1枚」フレームワーク

以上、「部下が主体的に働けるようになるにはどうしたら良いか?」という悩みについて、「紙1枚」書くだけで解決する方法を紹介してきました。

「支配」ではなく「支援」のスタイルを貫いているため、人によっては部下の行動変容が起きるまでにかなり時間がかかるかもしれません。

それでも、急がば回れです。時間をかける価値は十分にあります。

「1枚」フレームワークはシンプルであるがゆえに、やってみないことには価値を実感できない手法です。

くれぐれも部下にいきなり書かせる、やらせる、強制するのではなく、自分が実践し、効果を実感するようにしてください。

まずは手持ちのノートやコピー用紙に、今回紹介した「1枚」フレームワークをさっそく書き出してみましょう。

また、この「1枚」フレームワークのデジタル版を**読者限定の実践サポートコンテンツとして提供**しています。PowerPointファイルとしてダウンロードできますので、それを印刷して書き込んだり、そのままパソコン上で実践したりすることも可能です。自身がやりやすいと感じる方法で、実際に「紙1枚」にまとめてみてください。

**「実践サポートコンテンツ」のご案内**

**https://asadasuguru.com/1mane/**

一方で、「まずは本を読むことに集中したい」という読者さんもいると思います。もし、実際にそう感じているのであれば、いったん最後まで読み切ることに注力してもらっても構いません。

実践サポートコンテンツの案内は「おわりに」（235ページ）でもう一度行いますので、この段階でさっそくやってみるのか、それとも一通り最後まで通読するかどうかについては、あなた自身で決めてください。

## 第2章での学びを、3つに絞り込んで言語化してみると？

●主体性や当事者意識の本質は「目的のジブンゴト化」
●部下の前に、まずは自分自身が主体的に働けているか？
●実践のカギは、「書き出す」「話す」「繰り返す」

自分自身にとってはどんな学びがあったか「言語化」してみてください

# 第3章

# 「わかろうとする上司」が部下に信頼される

## ――「紙1枚」でできること②

# 良好なコミュニケーションの前提となる「他者洞察力」

前章では、部下の能動性や主体性に関する悩みについて扱ってきました。

その本質は、他ならぬマネジャー自身がまずは率先して仕事の目的をジブンゴト化し、当事者意識を発揮して働くこと。

さらに、その姿を見せ続けることで、集団の空気を優先して安易に自分を消してしまいがちな部下に、「どうすれば、上司と同じような姿勢で自分も仕事に取り組めるのか？」という問題意識を喚起していくこと。

そのうえで、前章で提示したような「紙1枚」書くだけのシンプルな方法をシェアし、部下が「なぜ働くのか？」を自ら見出していけるように支援すること。

こうした、決して「支配にならないマネジメント」について、「わかって満足」ではなく「実践して満足」できるレベルで道筋を示していきました。

本章のテーマである「人間関係の構築」においても、こうした流れは同様です。

序章の「マネジャーの悩みリスト」から、この章の対象分を再掲してみます。

**2　部下との「人間関係構築やコミュニケーション」に関する悩み**

・部下の背景が多様になり、何を感じ、考えているか掴みにくい
・年上部下が増え、どう接していいか難しさを感じている
・部下が転職者ばかりで、組織の文化や価値観の共有が難しい
・部下の読解力が低いのか、説明しても誤解されたり、時間がかかる
・考えを述べさせても、話が要領を得ず何が起きているか把握できない

このうち、後半にある「部下の読解力や理解力が低い」「部下が何を言いたいのかわからない」といった悩みについては、次章で扱います。

というのも、いきなりダイレクトにこうした悩みを扱うと、どうしても「どうやって部下を変えていくか？」という「支配のマネジメント」モードに戻ってしまいかねないからです。そうならないためにも、本章では主に前半で挙げた「**部下が何を感じ、考えている**

かわからない」という悩みを中心に扱っていきます。

この悩みの主語はマネジャー自身ですから、「部下を変えなければ」ではなく読者の皆さんの「自らの成長」を通じて、事態の打開が可能です。

それに、マネジャーが部下を理解したり共感したりする力を高めることができれば、部下が受け取りやすい説明も自ずと可能になるのではないでしょうか。

あるいは、たとえ部下の話が支離滅裂であったとしても、何を伝えたいのか深いところで推察できたり、部下に変わって要点を整理してあげたりといった、支援の道も拓《ひら》けてくるはずです。

だからこそ、本書では部下との良好なコミュニケーションの前提となる「他者洞察力」について、丸々1章分を割いて詳しく考えてみたいと思います。

## 「人を観る目」を磨けばヒューマンスキルが向上する

いったいどうすれば、部下が何を感じ、考えているかについて、理解・共感できるような観察・洞察・推察が可能になるのか。

この問いに関して、これまで先人たちが多種多様な知見を残してくれています。中には、日本の多くの企業で広まっているものもあります。

挙げればキリがないのですが、具体的な名称をいくつか列挙すると、エニアグラム、エゴグラム、ＤiＳＣ理論、ビッグ・ファイブ理論、ハーマンモデル、ＭＢＴＩ、ソーシャルスタイル理論、ストレングス・ファインダー、ウェルスダイナミクス、等々。

こうしたパーソナリティ理論について研修や講座・教材等を通じて学んだり、タイプ分け診断を実際にやってみたりしたことがある人も、きっと多いのではないかと思います。

逆にもし、こうしたパーソナリティ理論やタイプ分け診断について1つも学んだことがないという状態なのであれば……。

それは序章のカッツモデルが示唆するヒューマンスキル領域について何も身につけず、丸腰で部下のマネジメントに挑んでいるような状態といえるのではないでしょうか。

まずは、そうした現状こそが、部下とのコミュニケーションで悩み続けている原因なのだと捉えてみてください。そして、本章でワークを交えて学んでいくパーソナリティ分類を土台や足掛かりにして、ヒューマンスキルの根幹である「人を観る目」について、これから生涯をかけて磨いていってほしいと願っています。

## 部下との人間関係で実際に役立つ理論は存在するか?

一方、先ほどの例について知っているものがあった、あるいは詳しく学んだことがあるといった感想を抱いた読者さんにも、1つ質問をさせてください。

どのタイプ分けでも構いません。

現時点でまだ覚えているものは、いくつあるでしょうか。

自分や部下のタイプについて、その理論を駆使して説明できるでしょうか。

部下との人間関係で、実際に役立てられているものはあるでしょうか。

これまで数多くのマネジャーの方々にこうした問いを投げかけてきましたが、「はい! 役立てています」といった力強い答えが返ってきたことはほぼありませんでした。

せっかく学んだのに、日々の部下との人間関係には活かせていない。
これが現場観察による実態なのですが、あなたの感覚とは重なるでしょうか。

## 「タイプ分けマニア」がたどり着いた結論

とはいえ、使いこなせていないことを批判するような意図は一切ありません。
なぜなら、かくいう私自身もそのひとりだったからです。

私はもともと、コミュニケーションが苦手でした。
それこそパーソナリティ理論的な表現でいうと、非常に「内向的」な性格が私の根本的な気質です。タイプ分け診断をしても、そのような結果ばかりでした。

とはいえ、社会人として同僚やお客様と良好な人間関係を構築し、日々つつがなくコミュニケーションをとれなければ、仕事として成立しなくなってしまいます。「内向的だから」といって、交際を避けてばかりというわけにもいきません。

ただ、だからといって何の準備もなく丸腰状態で人と関わったら、あっという間にフリーズして黙り込んでしまうだけなので……。

私にとって「他者洞察力」とは、他のどんなビジネススキルよりも切実に手に入れたい最重要能力の1つでした。

そこで、こうした状況を何とかするべく、特に20代の頃はさまざまなパーソナリティ理論やタイプ分け診断に首をつっこみ、相当な時間とお金を投入して学んできました。

何かを学ぶたびに実践し、実践するたびに「結局、他人のことなんてわからない」という結末を迎え、「それでも何かあるはずだ」とまた別の理論に鞍替《くらが》えし……。

ビジネス書界隈で有名なものはもちろん、脳科学や心理学をベースにしたアカデミックな知見、あるいは気学や占星学といった、人によってはスピリチュアル色が強いと感じてしまうようなものまで……。最終的には、「タイプ分けマニア」といっても過言ではないくらいに探求を続けてきました。

今はもう、あれもこれもと追い求めるような切迫さからは解放されているのですが、改めて当時を振り返ってみると……。

というより、振り返ろうとしても大半の内容は覚えていません。

前述の通り、役立てることができなかったからです。

数行前に大量のリソースを「投入」と書きましたが、「投資」として回収する＝実務に活かせたケースはごくわずか……。

8割以上は「消費」として、ただ費やしただけで消え去ってしまったのです。

## いくら分類しても、仕事で使えなくては意味がない

当時の私ほど極端ではないにしろ、同じような体験をしたことがある人は、きっと多いのではないかと思います。

どうして、こんなことになってしまったのか。

身にならなかったタイプ分け理論やパーソナリティ診断には、ある共通点がありました。

## どれも情報量が多すぎて、理解しきれない、覚えきれない、思い出せない。

だからこそ、いざ仕事で使おうと思った時に使えなかったのです。

こう書いてしまえば、「なんだそんなことか」という感想になってしまう人も多いと思いますが、このことを軽視している人が大半だからこそその悲劇が、社会人教育の世界ではそこかしこで起きてしまっている……。

私はそのような問題意識をもって、この仕事に取り組んでいます。

たとえば5年ほど前、次のような象徴的な体験がありました。

ある企業の研修に登壇した際、私の講義の前日に、とある有名なタイプ分け診断についてのレクチャーを、参加者全員が受けるカリキュラムが組み込まれていました。登壇中の休憩時間にそのことを知った私は、研修再開時に次のような質問を投げかけてみたのです。

「昨日タイプ分け診断をやったそうですが、内容は覚えていますか？」

講義に入る前のアイスブレイク程度のつもりだったのですが、その場にいた50人のうち、その理論が提唱する全てのタイプを覚えていた人は……。

残念ながらというか予想通りというか、1人もいませんでした。

自分の診断結果の名前くらいは言える人もいましたが（それすらも忘れていた人が多数

派でしたが）、ではその独特なカタカナ表記で形容されたパーソナリティがどんな意味で、どのような特徴なのかについて説明できる人は、やはり誰もいませんでした。

どの受講者さんも、「自分のタイプだけでも情報量が多すぎて、理解しきれなかった」「とても他のパーソナリティにまでは理解が及ばない」「話としては面白かったが、仕事で使えるとは思わなかった」といった、シラケた感想ばかりだったのです。学習してからまだ24時間経っていない段階でこの状況ですから、実際に職場に戻って仕事に活かせる人は皆無と言わざるをえません……。

社会人教育のプロフェッショナルとして、このように現場で使えるかという観点を欠いたビジネススキル教育が蔓延《まんえん》していることは、大きな問題だと考えています。私はパーソナリティ理論の専門家ではありませんが、かつて切実に他者洞察力を希求し、さまざまな知見を追い求めた原体験がある以上、こうした状況を見過ごすことはできません。

何より、当時の私と同じような悩みを現在進行形で抱えている読者の皆さんのために、もっと意味や意義を見出せるような実用的な支援をしたい。

強くそのように感じているからこそ、これから本章を通じて、この実態に一石を投じたいと思います。

## 細かすぎるタイプ分けは実践に活かしにくい

ここまでの話を踏まえると、部下が何を感じ、考えているかを洞察する際に「活かせる」パーソナリティ理論の構築には、「**数が少ないこと**」が必須条件と言えそうです。

確かに、「わかる」とは「分ける＝分割すること」ですから、細かく分類した方が理解は深まります。複雑な現実について、より詳細に説明しやすくもなるでしょう。教える側は長時間の講義が成立しやすくなりますし、受講者側も頑張って理解することで「難解な内容でもわかった」という満足感を得ることができます。

ですが、ビジネスの学びは「理解できるかどうか」よりも「実践できるかどうか」です。細かく分類して、時間をかけて理解して、それでようやく「わかって満足」となっているだけでは、本来の目的は達成できません。

それはせいぜい、実践のスタートラインに立ったに過ぎないのです。

では、実用性を担保した分類の数は、何個くらいが妥当なのでしょうか。

これまで多くの受講者さんにこの質問を投げかけてきましたが、一番多かった答えは「3つ」。多くてもせいぜい「5つまで」という人が大半でした。

そこで、まずは6つ以上あるパーソナリティ理論については、どうせ忘れてしまうわけですから、この際、思い切って全て捨ててしまいましょう。

中には非常に有名なタイプ分けもありますが、少なくともビジネススキルとしては必要条件を満たしていない。

決して批判や非難をする意図はありませんが、タイプ分けマニアとしてのキャリアの最終段階で、私自身はそのような判断を下しました。

## 記入するだけで自身や部下を洞察できるフレームワーク

さて、こうやって6つ以上の要素をもつパーソナリティ理論をいったん全て除外してみると、「ある数字」が際立って浮かび上がってきました。

**「3タイプ」もしくは「2×2の4タイプ」。**

生き残ったタイプ分け診断の多くが、「3タイプ」もしくは「4タイプ」に収まっていたのです。

この程度の数であれば、前章で導入した「1枚」フレームワークとも相性が良いため、最後の私は巷《ちまた》にあふれるさまざまな3もしくは4タイプのパーソナリティ理論に絞って、思考整理に突入しました。

これから、その最終段階をそのまま紙面上に再現してみたいと思います。

どういうことかというと、最終結論としての「紙1枚」をいきなり見せるのではなく、読者の皆さんと紙面上で一緒に見出していきたいのです。

このプロセスを経ることで、本章を読み終わった時には、理解も実践も完了してしまっている。そんな読書・学習体験が一挙にできることを狙っています。

実際に記入をしながら、自身や部下を洞察するための究極の「紙1枚」を、これから一緒に見出していきましょう。

## たくさんあるタイプ分けの共通点に注目する

パーソナリティ研究に関する大量の文献を読み、さまざまな講座に参加している中で、しだいにあることに気がついていきました。

それぞれの理論の提唱者は、もちろん自身のタイプ分けの有効性を説明してくれるわけですが、その際、大きく2つのスタイルに分かれていたのです。

一方は、「他の理論と比べて、どれだけ自身の方が優れているか?」といった観点で解説を積み上げていくスタイル。

もう一方は、他のフレームワークについては何も知らなくて、とにかくこの方法で仕事がうまくいった、人生が変わったといった解説に終始するケースです。

いずれにせよ、「自分の手法が一番」と言っている点では同じなのですが、私はこの2つとは異なる第3のアプローチで向き合うことにしました。

**「何が違うのか？」ではなく、「何が一緒なのか？」。**

各パーソナリティ理論の「差異」に注目してその優劣を考えるのではなく、「類似点」や「共通点」にフォーカスをあてることで、より本質に迫れるのではないか。よりシンプルに、自分なりに集約していけるのではないか。

ちなみに、前章で紹介した通り、私のこうした思考回路は、トヨタで日々「紙1枚」に資料をまとめている中で培ったものです。

大量の情報の「違い」にフォーカスしている限り、細分化が進むだけで「紙1枚」レベルにまとめることからは遠ざかっていってしまいます。

逆に、「重なるところ」を見出し、できるだけ集約して言語化していけば、資料上に記載する言葉はドンドン少なくなっていきます。

この能力がなければ、毎回のように資料を「紙1枚」にまとめるなんてことは到底できません。見方を変えると、「紙1枚」に資料をまとめる文化が、物事の共通点＝本質を洞察する能力を鍛えるトレーニングになっていたわけです。

## 社会人教育でよく使われる5つのタイプ分け

こうした抽象化能力・本質洞察能力を、さまざまなパーソナリティ研究に適用するとどうなるか。

とはいえ、前述の通りあれもこれもと大量に取り上げてしまうと、読者の皆さんが消化しきれなくなってしまうので……。

多くの人が受け取れる数の上限として捉えている5つに絞って、特に社会人教育の世界でよく見聞きするタイプ分けを、「1枚」フレームワークに書き込みながらこれから一緒に言語化し直していきましょう。

その際、最大のポイントは「何が違うか」ではなく「何が似ているか」という観点で比較検討していくことです。実際に記入しながら、人間洞察のための重要な着眼点を自身にインストールしていってください。

## ❶「D・iSC理論」

トップバッターとして、「D・iSC理論」(8)を取り上げてみることにしました。

ルーツはアメリカの心理学者ウィリアム・マーストンによって1920年代に提唱されたもので、ビジネススキルとしては1960年代頃から、研修等を通じて広まり始めたようです。

日本でもとりわけ1990年代以降、多くの企業で採用されるようになったので、過去に診断を受けたことがある人も多いのではないかと思います。

ただ、全く知らないという人も、これから最低限の概要は説明していきますので、どうか安心して読み進めていってください。

D・iSC理論では、人間のパーソナリティを次の4つに分類します。

(8) 比較的手に入りやすく、また読みやすい参考文献として、『世界にバカは4人いる』トーマス・エリクソン(フォレスト出版)を挙げておきます。

①**Dタイプ＝Dominance・主導：「行動」「結果」「チャレンジ精神」**
②**iタイプ＝influence・感化：「社交」「楽観的」「ムードメーカー」**
③**Sタイプ＝Steadiness・安定：「謙虚」「思いやり」「サポーター」**
④**Cタイプ＝Compliance・慎重：「分析的」「冷静沈着」「クール」**

なお、下段に記載したそれぞれのタイプの説明については、参考文献を参照しつつ、私の方でよりわかりやすく端的に言語化し直したものもあります。

全く同じ文言をトレースしてきているわけではないので、詳しく学んでみたいと感じた読者さんは、脚注にある参考文献等を読んでみてください。

また、この4つのタイプ分けには、ベースとなっている「2つの軸」があります。

軸1は、「**重視するもの（仕事or人間関係）**」。

軸2は、「**活動量（多め・スピード重視or少なめ・ゆっくり着実）**」です。

以上の知見を、前章で学んだ「1枚」フレームワークに配置すると、次ページの図表6のようなマトリクスが完成します。

## 図表6　DiSC理論を「紙1枚」で言語化

| | | | |
|---|---|---|---|
| ①DiSC理論 | | | 重視するもの |
| | | 人間関係 | 仕事 |
| | スピード重視<br>多め | influence<br>感化 | Dominance<br>主導 |
| 活動量 | ゆっくり<br>少なめ | Steadiness<br>安定 | Compliance<br>慎重 |

緑：——　青：——　赤：——

前章も振り返りつつより認識を深めてほしいのですが、やはり「口頭のみ、言葉のみ」による言語化よりも、フレームを活用した「視覚的な」言語化の方が、数段わかりやすいと感じられたのではないでしょうか。

この「紙1枚」をベースに改めて4つのパーソナリティについて解説すると、まず右上の「**主導型（Dタイプ）**」は人間関係よりも仕事を重視するため、スピード感や仕事量が多くなる傾向にあります。

このようなタイプの人は、あなたの部下にいるでしょうか。

あるいは、あなた自身には当てはまりそうでしょうか。

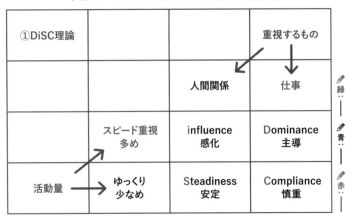

一方、左上の「**感化型（iタイプ）**」はDタイプよりも人間関係を重視しているため、業務遂行の際にコミュニケーションを大切にします。

あるいは、社内外のコミュニケーションの質向上に強い関心を示すような人が、このパーソナリティに該当すると捉えてみてください。

具体的には、会議や打ち合わせ、メール等の頻度が多かったり、その質に関するグチや要望を頻繁に口にする部下がいたら、この枠に収まることになります。

続いて、左下の「**安定型（Sタイプ）**」は、人間関係重視かつ活動量はゆっくりとなっています。イメージとしては、ひとりひとりの話をじっくり聴いて仕事を進めるような傾聴やケアが得意なタイプが、ここに収まると思ってください。

最後はDiSCの「C」、右下に位置する「**慎重型（Cタイプ）**」です。

このパーソナリティの人は、仕事重視かつ活動量は少なめとなっているので、営業というよりは管理業務や事務作業をそつなく、淡々とこなせるような人が該当します。

あるいは、根気のいる緻密なデータ分析や、没頭が必要なタイプの業務も向いていますので、自社の仕事であればどれが該当するのか。また、その仕事を担当するのは誰が適切なのかといった観点でも、ぜひ思考整理をしてみてください。

## 実際に書いてみましょう❶

P123

以上の説明を踏まえ、今回は前章とは異なるアプローチでの学習を、読者の皆さんに提案してみたいと思います。

**・123ページを開き、**
**・本を90度回転させて、ペンを持ち（青ペン推奨ですが、黒でも構いません）、**
**・図表7に、直接記入**

してみてください。今回はただ名前を書くだけなので、別途「紙1枚」を用意するのではなく、もうこの本にダイレクトに書き込んでしまってほしいのです。

実名に抵抗があるのであれば、イニシャルやニックネームでも構いません。

まずは、自身がどこに該当するかを考え、4つのうち1つの枠内に、自分の名前を青ペンで書いてください。

次に、部下がどの枠に該当するかを考え、名前を記入していきましょう。

その際、最大のコツは「**口ぐせ**」を手掛かりにすることです。

たとえば、右上のタイプなら「で？」といった相手を急かすようなフレーズが多くなるはずですし、左半分は人間関係重視のパーソナリティですから、「ちょっと話そっか？」「いつでも言って」といったコミュニケーションを促すセリフが、自然と出てくると思います。

他にも上下で見れば、下半分はじっくり丁寧タイプなので、「ちょっと待って」「今決めなくても良い？」といったセリフが多くなるはずです。

以上、いくつかセリフの例を挙げましたが、くれぐれもこうしたフレーズを覚えようとはしないでください。外に答えを求めようとはしないでください。

そうではなくて、あくまでもひとりひとりの部下になりきって、モノマネでもするようなつもりで、彼ら・彼女らの言動を自分なりに再現してみてほしいのです。

部下は普段どんな言葉をよく話していて、それはこの「紙1枚」のどこに該当する立ち振る舞いなのかと感じ、考えてみる。

これから5枚、同じプロセスを繰り返していきますが、素直に、能動的に取り組めば取り組むほど、他者洞察力を磨く重要なトレーニングになります。

普段、部下の言動に関心を払うことができている人は、このワークを楽しめるはずです。

一方、「部下の典型的なセリフや口ぐせなんて、何も浮かばない」という状態なのだとしたら……。正直、そう感じる人の方が多いのではないかと懸念しているのですが……。

それでもどうか、できる範囲で書き込んでみてほしいのです。

その際、「自分はマネジャーとして、どれくらい他者に関心をもてているのか?」という問いを立てながら、自身の現状と向き合うようにしてください。

当初はしんどいと思いますが、5枚書き終わる頃には希望が見えてくるようにワークを設計してあります。

くれぐれも、はなから匙《さじ》を投げて何もしないということだけはないように、部下の日々の言動を思い出しながら、実際に自分なりに記入するようにしてください。

## 実際に書いてみましょう❶

本をクルッと反時計回りに90度回転させて、
図に直接書き込んでみてください。

図表7　DiSC理論を「紙1枚」で言語化（記入用）

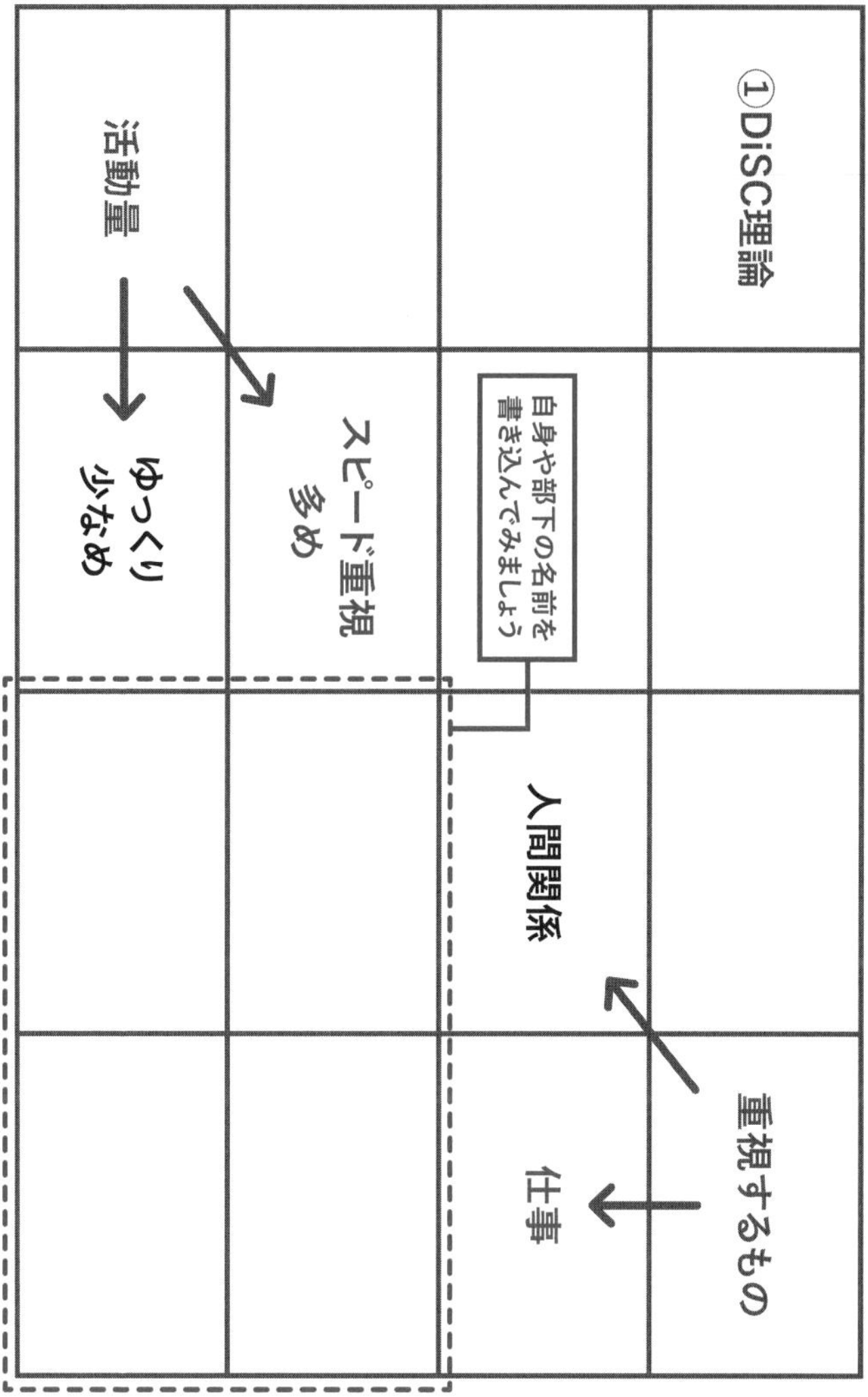

## ❷「ハーマンモデル」

2つめは、「ハーマンモデル」[9]を扱ってみます。

誰もが知っている「右脳・左脳」を入口にした説明だったこともあり、1990年代以降、多くの企業で認知されるようになったタイプ分けの1つです。確かにとっかかりとして入りやすいと思うので、本書でも取り上げることにしました。

実際には「左右」に加え、脳の「内外」、すなわち**外側（大脳新皮質）か内側（大脳辺縁系）か**という2軸の掛け合わせで構築されたパーソナリティ理論です。

4つのタイプには、それぞれ次のような言葉が充てられています。

**①冒険・創造　脳：「アイデア」「ビジョン」「コンセプト」重視**
**②感覚・友好　脳：「感覚」「対人関係」「コミュニケーション」重視**
**③堅実・計画　脳：「予測可能性」「前例」「ガイドライン」重視**
**④論理・理性　脳：「原理原則」「数量」「ロジカル」重視**

（9）参考文献：『ハーマンモデル―個人と組織の価値創造力開発』ネッド・ハーマン（東洋経済新報社）

ＤｉＳＣ理論の時と同様、下段に記載したそれぞれのタイプの意味については、参考文献を参照しつつ、私の方でよりわかりやすく言語化し直してあるものもあります。より詳細について知りたい人は、他の書籍やネット検索等も駆使して、自分なりにキャッチアップや発展学習をしていってください。

ただ、ネットで調べる際、これはこの理論に限らない話なのですが、有償・無償でタイプ分け診断を受けられるケースがあると思います。

ですが、本書ではそうした診断サービスを活用することはしません。

診断結果に振り回されるのではなく、あくまでも目の前の部下を直視し、自分なりに洞察できれば、結果的に洞察結果が合っているかどうかは関係ない。というより、正しいかどうかは絶対にわからないので、追求しても意味がないのです。

詳しくは本章の最後で改めて説明しますが、これが本書のスタンスなので、各診断を受けながら読み進めていく必要はありません。

それでは、このハーマンモデルも「1枚」フレームワークに当てはめてみましょう。

次ページの図表8のようなマトリクスが完成します。

「紙1枚」による視覚的な言語化の力を今回も感じてもらいつつ、改めて4つのタイプに

### 図表8　ハーマンモデルを「紙1枚」で言語化

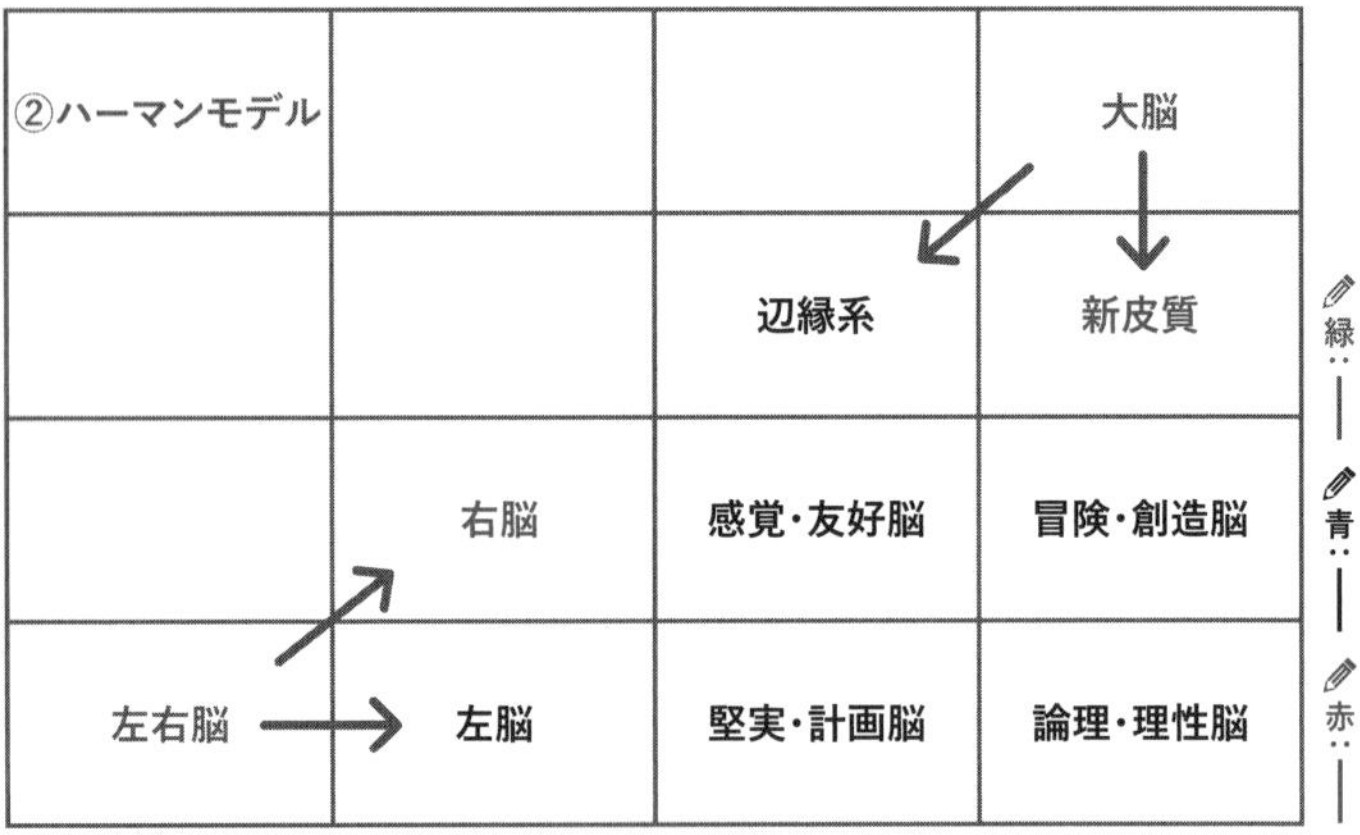


ついて解説していきます。

ＤiＳＣ理論の時と同じ順番でいきたいので、まず右上の「**冒険・創造脳**」タイプから説明をスタートさせてください。

このタイプは、自身でアイデアやコンセプトを打ち出し、それを実行・実現するべく、活発に行動していくような人が該当します。

あなた自身や部下は、このパーソナリティに当てはまりそうでしょうか。

一方、左上の「**感覚・友好脳**」タイプは人間関係を重視しているため、「冒険・創造」型のように実現に向けてガンガン業務を遂行していくというよりは、日々のコミュニケーションを重視します。

続いて、左下の「**堅実・計画脳**」タイプです。この脳タイプの人は、なりふり構わず営業をかけていくような働き方よりも、管理的な業務に真摯に取り組めるパーソナリティになります。このタイプに重なる部下はいるでしょうか。

最後は、右下の「**論理・理性脳**」タイプ。ここは原理原則の重視や分析を好むパーソナリティなので、研究・探求といった地道な働き方の人が該当します。

### 実際に書いてみましょう❷

P129

以上の説明を踏まえ、あるいは自身でも興味関心に応じてあれこれ調べながら、129ページの図表9に記入をしていきましょう。

やり方はDiSC理論の時と全く同じです。

まずは、自身がどこに該当するかを考えて記入し、以降は部下の言動を思い浮かべながら、あるいは部下になったつもりで、該当するフレームに名前を書いていきましょう。

ただし、まだあと3枚残っていますので、あまり時間はかけずに、最大でも5分程度で一通り記入を済ませるようにしてください。

## ❸「ソーシャルスタイル理論」

3つめは、「ソーシャルスタイル理論(10)」を選びました。

これも前の2つの理論と同様、これまでのビジネススキル教育の歴史の中で、多くの企業で採用されてきた実態があるようです。

アメリカの産業心理学者デイビット・メリルとロジャー・レイドが1960年代に提唱したものがルーツで、次の4タイプに分けて説明されます。

①**ドライビング型**：「**行動**」「**結果**」
②**エクスプレッシブ型**：「**社交**」「**注目**」
③**エミアブル型**：「**思いやり**」「**献身**」
④**アナリティカル型**：「**分析**」「**理屈**」

また、4つのタイプ分けの元となっているソーシャルスタイル理論における「2軸」

(10) 比較的読みやすい参考文献として『苦手なタイプを攻略するソーシャルスタイル仕事術』室伏順子(クロスメディア・パブリッシング)を挙げておきます。

本をクルッと反時計回りに90度回転させて、
図に直接書き込んでみてください。

図表9　ハーマンモデルを「紙1枚」で言語化（記入用）

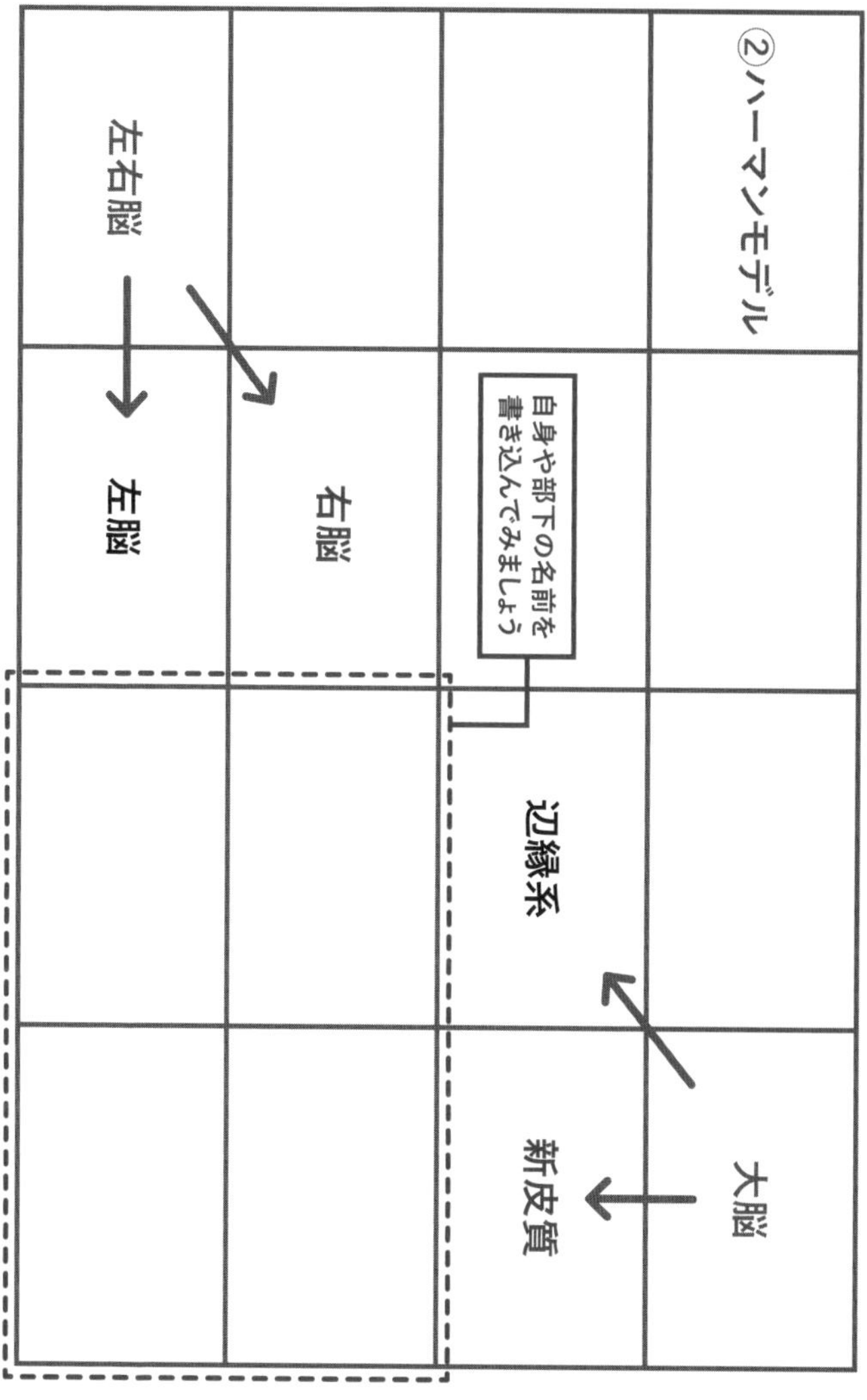

## 図表10　ソーシャルスタイルを「紙1枚」で言語化

| | | | |
|---|---|---|---|
| ③ソーシャルスタイル | | | 感情表現 |
| | | 表に出す | 抑える |
| | 主張する | エクスプレッシブ<br>社交・注目 | ドライビング<br>行動・結果 |
| 意見 | 聞く | エミアブル<br>思いやり・献身 | アナリティカル<br>分析・理屈 |

緑：——
青：——
赤：——

は、「**感情表現（抑える or 表に出す）**」と「**意見（自分の意見を主張する or 人の意見を聞く）**」です。

以上の情報を、再び「1枚」フレームワークに放り込んでみましょう（図表10）。

**一見するとバラバラにしか見えない各パーソナリティ理論について、共通の枠組みで言語化すると、どんなことが見えてくるのか。**

こういった問いも立てながら、以降を読み進めていってください。

この「紙1枚」を参照しながら改めて解説すると、右上の「**ドライビング**」タイプは、結果重視でアグレッシブに行動していくパーソナリティが該当します。

自身や部下の人となりと、重なるところはあるでしょうか。

一方、左上の「**エクスプレッシブ**」タイプは、人間関係重視のパーソナリティです。結果や成果へのこだわりよりは、コミュニケーションや周囲からの承認を得られるかどうかに強い関心があります。

3つめは左下の「**エミアブル**」タイプです。

「思いやり」や「献身」がキーワードなので、時間をかけて周りの人のケアをしたり、丁寧にメンテナンスをしたりといった業務が適しています。

実際にこのようなパーソナリティの部下が、適切な業務に従事できているでしょうか。

もし、このタイプにドライビング型のような働き方をさせてしまっているのだとしたら……。このような業務分担の本質については第5章の「人材育成」で詳しく解説しますので、いったん先に進みます。

最後は右下の「**アナリティカル**」タイプです。

名前の通り、精緻な分析や地道な思考を積み重ねていくような業務が向いている人は、このフレームに当てはまります。

**実際に書いてみましょう❸**

P133

以上を踏まえ、3枚めです。次ページの図表11に自身や部下の名前を記入していってください。

そろそろ「あれ！」と気がついている人が出てきていることを期待しますが、ともかく実際に記入しないことには、そういった気づきの機会は得られません。

ビジネス書の読書は、「読み解いて満足よりも、実践して満足」です。

ほんの数分で構いません。本書の読書体験の価値を最大化するべく、どうか実際に手を動かしてみてください。

## ❹「類人猿分類」

ここまで、海外由来のカタカタ系パーソナリティ理論が続いたので、そろそろしんどく

## 実際に書いてみましょう ❸

本をクルッと反時計回りに90度回転させて、
図に直接書き込んでみてください。

図表11　ソーシャルスタイルを「紙1枚」で言語化（記入用）

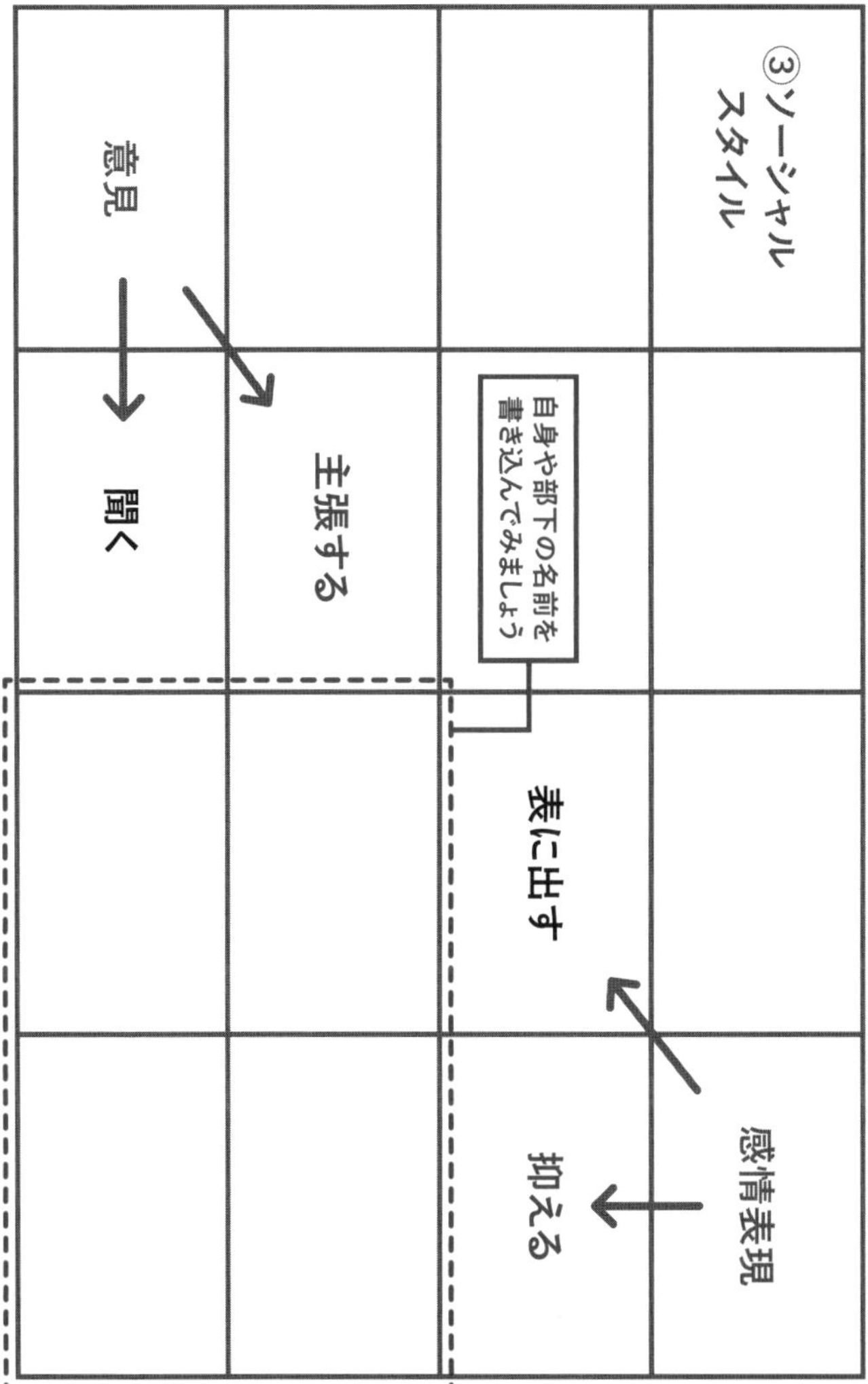

なってきた人も多いのではないかと思います。

そこで、4つめは日本発のユニークなタイプ分けとして「類人猿分類(11)」を選びました。この理論は、大型類人猿の性格傾向をヒントに、精神科医である名越康文さん監修のもとに開発された性格分類です。

2015年頃にテレビ東京系の『ガイアの夜明け』で特集されたことをきっかけに、当時話題になっていたと記憶しています。

他の理論が「Dominance」「エミアブル」といった取っつきにくい英語表現をベースにしているのに比べ、こちらは動物なので親近感が生まれやすいのではないかと思います。具体的には、次の4つです。

**①チンパンジー：「勝負」「積極」「即行動」**
**②ボノボ：「協調的」「楽観的」「共感」**
**③ゴリラ：「安心」「安全」「維持」**
**④オランウータン：「納得」「一匹狼」「冷静沈着」**

1つだけ補足をしておくと、動物だから親近感を抱きやすいと書いておきながら「ボノ

(11) 参考文献『類人猿分類公式マニュアル2.0 人間関係に必要な知恵はすべて類人猿に学んだ』Team GATHER Project(夜間飛行)

ボって何？」となってしまった読者さんも多いのではないかと思います。
私自身がかつてそうだったので説明しておくと、ボノボは外見こそチンパンジーと似ていますが、チンパンジーが攻撃的な生態なのに対して、ボノボは平和的なパーソナリティがベースになっているそうです。各類人猿の下についている説明は、このことを反映しているのだと捉えてください。

さて、例によって4タイプを構成する2軸についても確認しておきます。
今回の1つめの軸は、「**志向（結果・成果 or 安定・安全）**」。
もう一方の軸は、「**感情（表に出す or 出さない）**」となっていますので、以上の知見を、過去3枚と同じ枠組みの「紙1枚」に当てはめてみます（次ページの図表12）。

改めて右上から解説すると、「**チンパンジー**」タイプの人は、勝ち負けがはっきり出るような仕事でも平気で、積極的に行動するパーソナリティをもっています。

一方、左上の「**ボノボ**」タイプは前述の通り平和的ですから、競争的ではなく協働的な日々を好みます。成果主義や営業成績を掲示して優劣をつけるような風土は、このパーソ

## 図表12　類人猿分類を「紙1枚」で言語化

| | | | |
|---|---|---|---|
| ④類人猿分類 | | | 志向 |
| | | 安定・安全の維持 | 結果・成果の追求 |
| | 表に出す | ボノボ（協調的） | チンパンジー（勝負・積極） |
| 感情 | 表に出さない | ゴリラ（ルーティン） | オランウータン（職人気質） |

緑：—
青：—
赤：—

ナリティには向きません。

左下は「**ゴリラ**」タイプで、安定・秩序を重んじる傾向から、管理部門での業務がしっくりくると感じるはずです。このような部下は、身近にいるでしょうか。

最後は「**オランウータン**」タイプで、その特徴は個人主義です。職人気質とも言い換えられると思いますが、ともかくチームプレイが苦手だと感じていて、なおかつ勝ち負けにあまり興味がないということなら、ここに該当すると捉えてみてください。

本をクルッと反時計回りに90度回転させて、
図に直接書き込んでみてください。

図表13　類人猿分類を「紙1枚」で言語化（記入用）

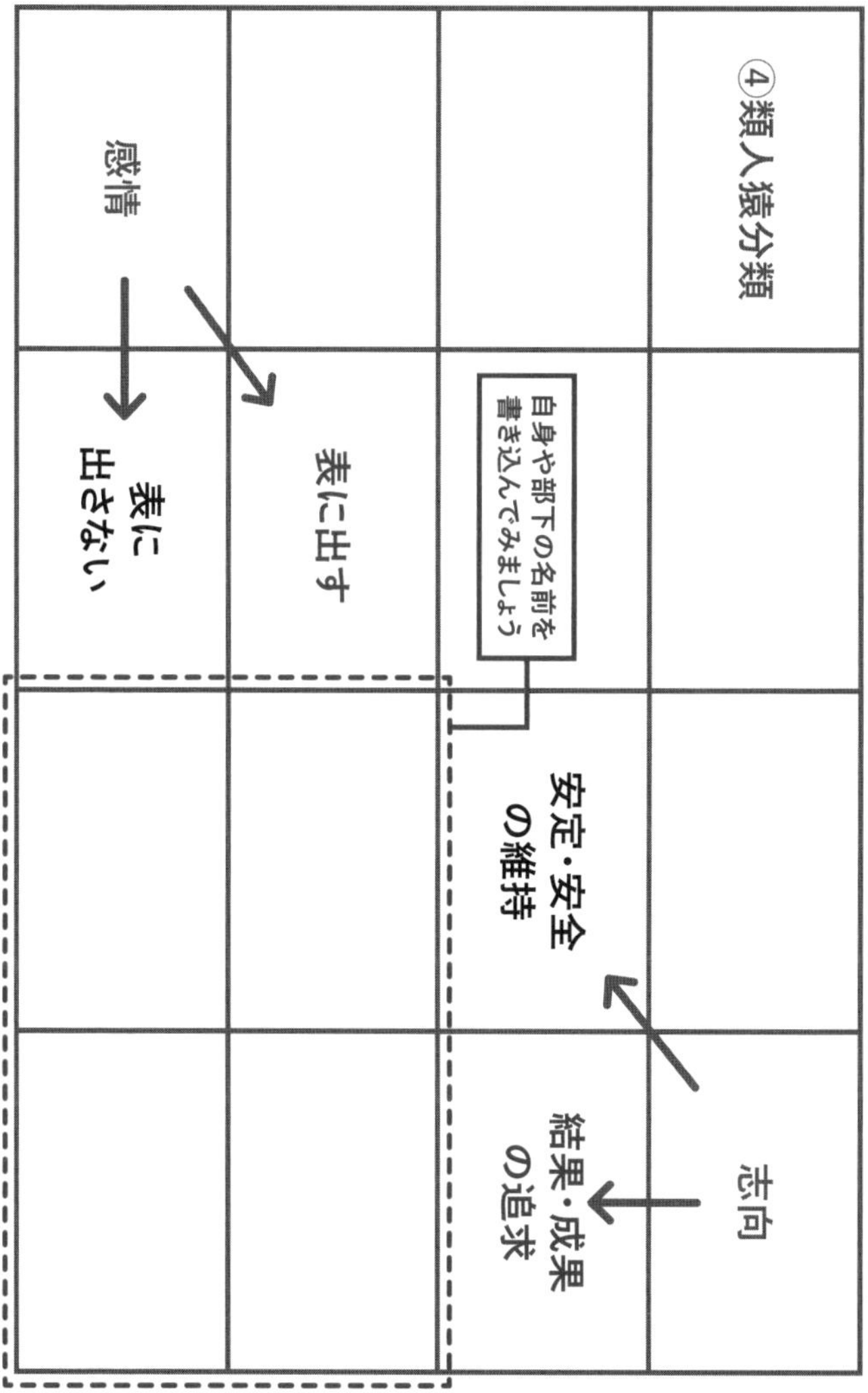

それでは、また前ページの図表13に自身や部下の名前を記入していきましょう。

もし、書き込む中で以前の3枚を書き直したいといったことが出てきたら、その場合はいったん前に戻ってもらっても構いません。

まだ言語化していませんが、それでも素直に、能動的に、当事者意識を発揮して書き続けてくれている人には、このワークの意図がそろそろ伝わってきていると思います。

「面白い」「なるほど」となっている読者さんが、たくさんいれば幸いです。

**実際に書いてみましょう❹**

▼P137

## ❺「4つの気質」

これで最後です。

5つめは、ビジネスではなく教育分野から取り上げてみます（図表14）。

というのも、そもそも私は自身のことを研修講師やセミナー講師だとは思っていません。社会人教育の分野に従事する「教育者」というのが、私のセルフイメージです。

したがって、大半のいわゆるセミナー講師を自任している人たちが読まないような本、

## 図表14　4つの気質論を「紙1枚」で言語化

| ⑤シュタイナーの4つの気質論 | | | 重視するもの |
|---|---|---|---|
| | | 自身の感覚 | 意味・目的 |
| | 外向的 | 多血質 社交的・楽天的 | 胆汁質 行動的・野心家 |
| 意識の方向性 | 内向的 | 粘液質 穏やか・冷静 | 憂鬱質 思索的・孤高 |

緑：——　青：——　赤：——

たとえば教育学に関する最新の文献や古典等を読み、日々研究を続けています。ただ、社会人教育に関するものは数も限られるため、どちらかというと学校教育や子育てに関する本質的知見を、社会人教育に応用するといったケースが多いです。今回はその中から、世界中で実践されているオルタナティブ教育の1つであるシュタイナー教育の「4つの気質[12]」というものについて紹介させてください。

それぞれの気質＝パーソナリティについて、同じスタイルで箇条書きにしてみます。

**① 胆汁質：「行動的」「野心家」**

**② 多血質：「社交的」「楽天的」**

(12)『人間の四つの気質』ルドルフ・シュタイナー（風濤社）等を参照していますが、2軸の言語化については書籍によってさまざま（もしくは記載なし）なので、私なりの解釈で記入しています。

**③粘液質：「穏やか」「冷静」**
**④憂鬱質：「思索的」「孤高」**

どうでしょうか。「胆汁質、多血質、粘液質、憂鬱質」といった言葉だけにフォーカスしてしまうと、「なんだこれは……」といった感想になる人が大半だと思います。

確かに、一見すると難解な言葉が並んでいるのですが、ぜひ下段の説明の方に焦点をあててみてください。

おそらく「なんだ、また同じ内容か」となったのではないかと思います。

実際、これまでの4つと同じような特徴ばかりが並んでいるだけです。

**実際に書いてみましょう❺**
▼P141

なので、胆汁質などといった言葉には翻弄されず、今までと同じように次ページの図表15に淡々と記入してみてください。そうすれば、一見するとビジネス分野で学ぶパーソナリティ理論とは全く関係ないのかと思いきや、実際には過去の4枚と同じようにまとまってきてしまう。そんな体験ができるはずです。

## 実際に書いてみましょう ❺

本をクルッと反時計回りに90度回転させて、
図に直接書き込んでみてください。

図表15　4つの気質論を「紙1枚」で言語化（記入用）

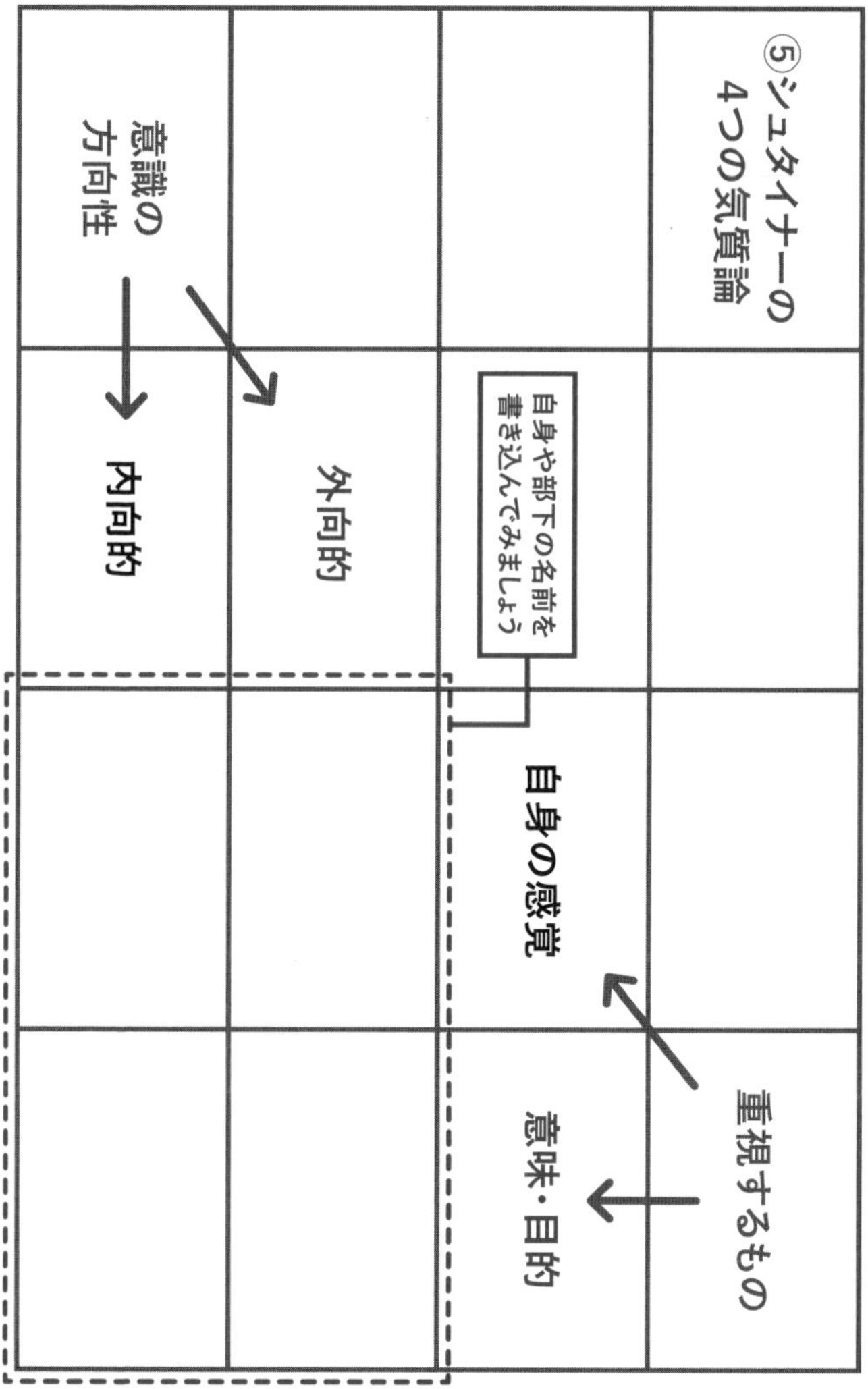

## 5つのタイプ分けを実践してみることで得られる気づき

以上、5つのパーソナリティ理論について、同じ「1枚」フレームワークに繰り返し当てはめるというワークに取り組んでもらいました。

他にも挙げればキリがないですし、まだまだ紹介したいもの(13)はたくさんあります。中には、自身のお気に入りのタイプ分けが取り上げられていなくて、気になってしまっている人もいるかもしれません。

もちろん他のパーソナリティ理論でも、同様の「紙1枚」化が可能です。本質を突いたタイプ分けになっているのであれば、同じようにまとまっていくはずです。

一方、もし同様の枠組みで言語化できない場合は……。そのパーソナリティ理論の妥当性について、改めて向き合ってみる機会にしてください。

さて、ここまで実際に記入してくれた人であれば、きっと次のような気づきを得る体験ができたはずです。

(13) 本当はもう1つ、パーソナリティ研究の世界で妥当性が高いと評価されている「ビッグ・ファイブ理論」についても取り上げたかったのですが、紙面の都合もあるため、この理論については「実践サポートコンテンツ」の方で動画講義のスタイルで解説します。お楽しみに。

もし、「え、気づきって何?」という状態なのであれば、記入した5枚のパーソナリティ理論のまとめを、もう一度最初から振り返ってみてください。

よろしいでしょうか。

それでは、「気づき」の内容を次の1行で言語化したいと思います。

**どの「紙1枚」も、「同じ場所」に「同じ部下の名前」が書かれている。**

実は、今回紹介した5つのパーソナリティ研究のいくつかについて、本書ではあえてオリジナルとは異なる並びで、「1枚」フレームワークにはめておきました。

理由は、できるだけ「似ている要素」を同じフレームに配置したかったからです。そうすることで、どのパーソナリティ理論で検討してみても、同じ場所のフレームに同じ人物の名前を書くことになり、その結果、書けば書くほど、自分自身や部下の人となりへの認識を深めていくことができるようになる。そんな体験ができるように、ここまでの読書&学習機会を設計させてもらいました。

加えて、自分や部下を理解するためだけでなく、パーソナリティ理論自体への理解促進効果も狙っています。

部下の名前を繰り返し記入することで、具体的な人物を通じて、4つのタイプや2つの軸への認識もきっと深められたのではないでしょうか。

抽象的なパーソナリティ研究への親近感や臨場感、実感を高めていく。

そんな機会にもしてもらいたいと願ってここまで書いてきたのですが、無事に気づきを得られるような読書体験につながっているでしょうか。


何度も書く中で、もし、「色々なタイプ分けをやってみたけど、結局同じようなことの繰り返しだったな」「これって要するに全部一緒なんじゃないの?」「色々当てはめる必要なんてなくて、1つに集約できそうだ」といった感想が生まれてきたのであれば……。

それこそが、私がかつてタイプ分けマニアとしての研究を卒業する際、その最終段階で体感したことなのです。

## 5つのパーソナリティ理論を統合した究極の「紙1枚」

以上の実践ワークを通じて味わってほしかったことは、「どのパーソナリティ理論も、実は大同小異」であり、「どのタイプ分けが正しいのか？　優れているのか？　劣っているのか？」といった話は、実用目線では意味がないという点です。

「部下が何を感じているのか、考えているのか」を洞察する手掛かりとして、日常的に仕事に活かしたい。そのためのヒューマンスキルを身につけたいという観点を重視するのであれば、あれもこれもとたくさんのタイプ分けを覚える必要はありません。

そこで……。

**本章で学んだ5つのパーソナリティ理論を統合した究極の「紙1枚」**を、今回のワークの総括として最後に紹介したいと思います。

実際、私自身はこれから共有する最後の「紙1枚」をベースとすることで、他者洞察の際に「どのようなフィルターで人を観たら良いのか」という観点では、もう悩まなくなりました。加えて、日々このフレームで人となりを捉える経験を積み重ねることで、「人を

図表16　人間洞察の力を磨く「紙1枚」

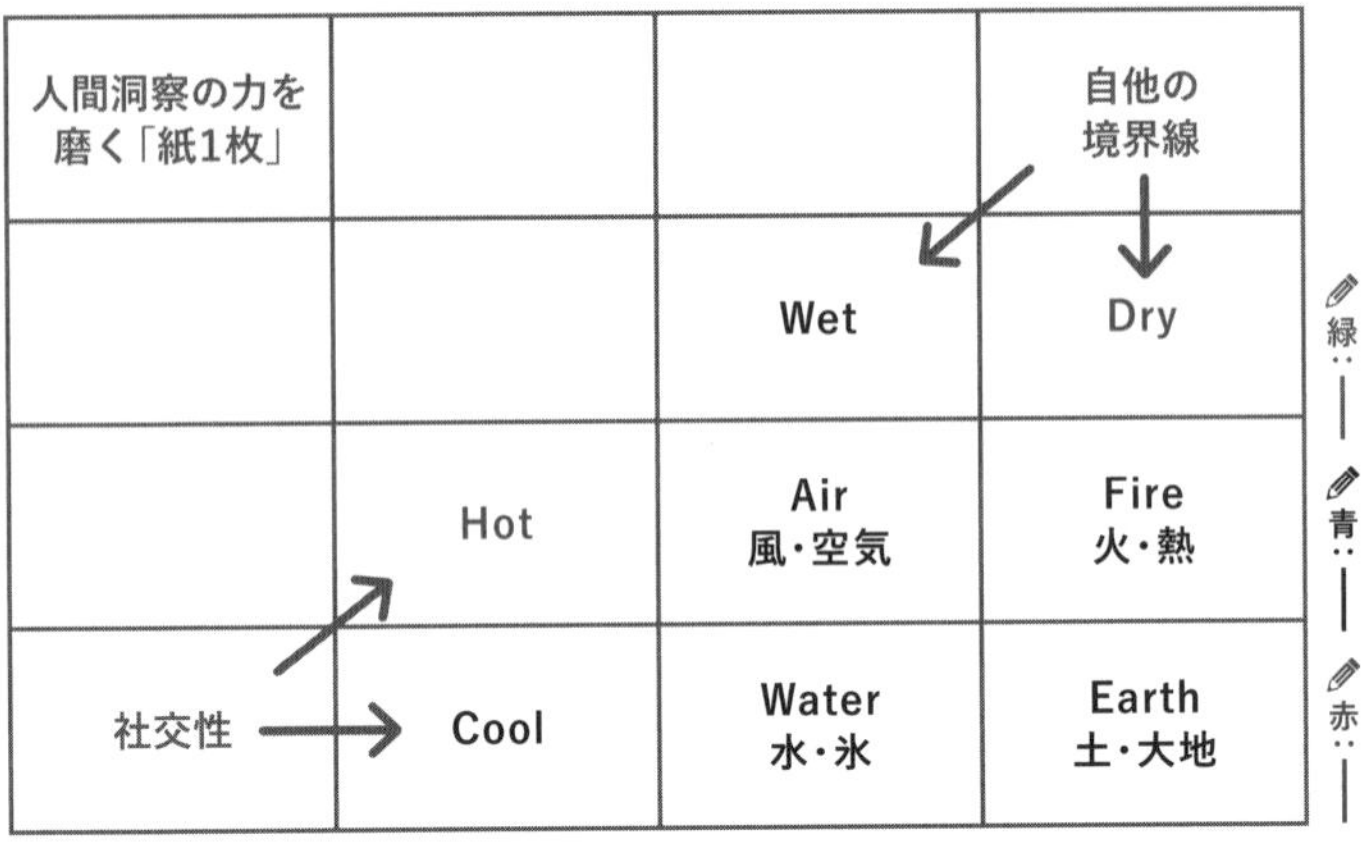


観る目」が年々鋭くなってきている手応え・実感もあります。

私なりに見出したパーソナリティ研究の総まとめ・集大成であり、日々の人間洞察の際に役立てている究極の「紙1枚」。

ここまでのワークを頑張ってくれた皆さんに、満を持してお渡しします（図表16）。

4つのタイプは、右上から「**火（Fire）・風（Air）・水（Water）・土（Earth）**」の名称で分けています。

この4要素を構成する2軸については、「**自他の境界線をくっきり**」分け、ドライな関係性を好むパーソナリティなのであれば「**乾気（Dry）**」。

逆に、「**自他の境界線が曖昧**」でウェットな人間関係でも平気なのであれば「**湿気（Wet）**」が該当します。

もう1つの軸は、「**熱気（Hot）**」と「**冷気（Cool）**」で分けていて、これは社交性が「**外向的（エネルギーの方向性が外向き）**」か「**内向的（エネルギーの方向性が内向き）**」かで分かれています。

まとめると、**「乾気×湿気×熱気×冷気」という自然環境を構成する4つの「気」の掛け算で、「火・風・水・土」という4つの「気質＝パーソナリティ」が決定される。**

以上が、これまで紹介してきた5つのタイプ分けを包含する究極の「紙1枚」パーソナリティ論なのですが……。

これは「紙1枚」の枠組みに当てはめたという意味では確かにオリジナルなのですが、この4要素や2軸については以前から提唱されているものです。

どのくらい前から言われているのかというと、古代ギリシャの時代にまで遡《さかのぼ》ります。「火風水土」や「熱冷湿乾」といった4元論は、かつてアリストテレスなどによって提唱され、そこから2000年以上にわたって生き残っている最古のタイプ分けなのです。

また、これは以前、僧侶であり芥川賞作家でもある玄侑宗久さんの著書から学んだ本質ですが、「自分とは自然の分身[14]」といった捉え方もあります。「自然の分身が自分」だとするのであれば、「熱冷や乾湿といった自然的要素」で「自身の気質＝パーソナリティ」が決定されるという認識の仕方について、それこそ自然と受け入れられるのではないでしょうか。

少なくとも私はそのように感じたので、もうこの「紙1枚」を以て最終解にしよう。そのようにして、パーソナリティ研究の幕を閉じたわけです。

①Fire（火・熱）＝Hot×Dry：「行動」「結果」「主導的」
②Air（風・空気）＝Hot×Wet：「感化」「楽観的」「社交的」
③Water（水・氷）＝Cool×Wet：「安定」「思いやり」「献身的」
④Earth（土・大地）＝Cool×Dry：「慎重」「冷静」「分析的」

各タイプの説明については、あえて1つめに紹介した「DiSC理論」（117ページ）と同じキーワードも入れておきましたが、どうでしょうか。

（14）このような捉え方自体に興味のある方は、玄侑宗久さんの『禅的生活』（筑摩書房）等の著作をこの機会に読んでみてください。

それぞれの説明として違和感はないと思いますし、他のタイプ分けのキーワードでも同じように互換可能です。

ぜひ自身でも入れ替えをやってみてください。より納得感が高まると思います。

## やればやるほど、「人を観る目」を鍛えられる

以上、本章では5つのパーソナリティ研究を紹介し、最終的にはこの5つの共通点を抽出・統合し、「火風水土」というルーツの言葉で言語化し直してみました。

この言葉に落ち着かせた理由は、最も歴史がある＝普遍性の高いキーワードであり、今後、何か新しいタイプ分けに出会うことがあっても、最終的にはこの言葉にまとめ直すことが可能だと考えているからです。

実際、この「紙1枚」にたどり着いて以来、パーソナリティ理論にまつわる「最新」「史上初」「ついに解明」といったマーケティング・ワードに、いちいち翻弄されることが

なくなりました。その理論が本当に本物なら、この「紙1枚」に収まるはずなので、改めて学ぶ必要はありません。参考程度にすれば良いだけです。

一方、当てはまらないなら妥当性に難ありということになりますので、そもそも学ぶ必要性がなくなってしまいます。

いずれにせよ、これさえ極めれば、もう後は何もいらない。

そのような心境になってくれて構いません。それほどとっておきの「紙1枚」です。後は、これからひたすら実践して「人を観る目」を鍛えていきましょう。

すでに5枚、「紙1枚」にまとめながら洞察するトレーニングは行ってもらいましたが、くれぐれも今回限りでお終いとはしないでください。

今後も日々、この「紙1枚」に当てはめていく中で、最終的には脳内にこの枠組みが自然と浮かんでくるレベルを目指してほしいと思います。いついかなる時もその眼差しで、部下が何を感じ、考えているか洞察してみてください。

たとえば、明確な目標を設定することで躍動するなら、その部下は「火のタイプ」でしょう。

チームのメンバー全員と積極的にコミュニケーションをとり、円滑な関係性を築くことが得意なら、「風のタイプ」と判断できるはずです。

プロジェクトをガンガン推進するというよりは、日々の管理業務を淡々と行ったり、不備が起きていないかチェックしたりすることに力を発揮するなら、「水のタイプ」と見立てて良いのではないでしょうか。

チームプレイではなくひとりで黙々と探求したい、期限つきではなく自分のペースで成果を出したいといった志向が強いなら、その部下は「土のタイプ」の可能性が高くなります。であるならば、どのように仕事を割り振れば良いかについても、たとえば「あまり短納期では仕事を頼まない」「調整業務よりは分析業務を」といった具合に、基本的な方針や勘所が自ずと見えてくるはずです。

やればやるほど、「人を観る目」を鍛えることができます。

その結果、「**なんで僕の考えていることが、わかったんですか？**」「**そうです、まさにそれが今の私の悩みです**」「**いつも自分の適性に配慮したカタチで仕事を割り振ってくれて本当にありがとうございます**」、等々。

部下が何を感じ、考えているか洞察できるようになってくれれば、しだいにこういった感謝の言葉も増えてくるはずです。

## 大切なのは部下をわかろうとするプロセス

ただし、本章を終える前に、改めて強調しておきたいことがあります。

途中でも書きましたが、どうか正解思考には陥らないでください。

このとっておきの「紙1枚」は、あくまでも部下を洞察する際の「とっかかり」として手渡したにすぎません。

結果的にタイプ分けが正しいかどうかは、気にしなくてOKです。

先ほどのようなセリフを言ってもらえる機会が増えてくると、「自分は部下のことを完全に理解できた」などという心境になってしまうこともあると思います。

ですが、そんなことは絶対にあり得ません。

どこまでいっても「**わかる時もあれば、わからない時もあるの繰り返し**」であり、「火風水土」はあくまでも最も妥当性の高いフィルターでしかなく、絶対のものさしではないのです。

そう捉えておかないと、「俺はお前のことはもう全てわかっている」といった傲慢《ごうまん》な姿勢に陥ってしまい、結果的には「人を観る目」を曇らせてしまう……。

大切なことなので、もう一度明記します。

くれぐれも、洞察が正しいかどうかという「結果」にはフォーカスしないでください。

大切なのは、「過程・プロセス」です。

「この部下は、今何を感じ、考えているのだろうか」と相手に興味関心を抱き、自分なりに懸命に理解・共感しようとする。

「火風水土」のどれだろうかと、あれやこれやと考えてみる。

**その過程で、あなたは部下の言動にかつてなく興味関心を寄せることができるわけですが、それでもう十分に目的は達成している**のです。

この時点ですでに、部下はあなたの言葉に耳を傾けてくれるようになります。それだけの信頼関係・人間関係を構築できれば、部下とのコミュニケーションに関する悩みの大部分は、自ずと解消していくはずです。

だからこそ本章の途中で、私は「各タイプの典型的なセリフをいちいち覚える必要はない」「実際に各タイプ分け診断をやって、自身の洞察が正解かどうか確かめることはしなくていい」といった話を書きました。

本章を通じて一番受け取ってほしかったことを、最後に言語化しておきます。

**あなたは部下に、**

**「この人は、自分のことを懸命にわかろうとしてくれている」と思われているか。その結果、部下から信頼を得られているか。**

この問いにイエスと答えられるようになるべく、これから日々のマネジメント業務に今回の「紙1枚」を役立てていってください。

一生ものの読書体験・学習機会として楽しんでもらえたのであれば本望です。

# 第3章での学びを、3つに絞り込んで言語化してみると？

- 人を洞察する力は、後天的に高めることが十分に可能
- 4つのタイプ分けを極めれば、シンプルに実践できる
- 重要なのは洞察の結果ではなく過程。正解かどうかに本質はない

自分自身にとってはどんな学びがあったか「言語化」してみてください

# 第4章

# 「共通言語」で部下と対話しやすくなる

## ——「紙1枚」でできること③

# タイプ別の対処法は現実的ではない

前章では、「部下が何を感じ、考えているか」について洞察するための「紙1枚」を手渡しました。多種多様なパーソナリティ研究を学んだうえで、最終的には2000年以上の歴史をもつ普遍性の高いタイプ分けへと統合していきました。

しかもその一連のプロセスについて、実際に部下の名前を記入しながら追体験してもらいましたので、納得感も高かったのではないかと思います。

ここまでの「紙1枚」ワークを通じて、自身の「人を観る目」が一変した！となった読者さんが数多くいるのであれば嬉しいです。

さて、本章のテーマは、相手の人となりを洞察し、部下との信頼関係を高めたうえで、**より機能的な組織コミュニケーションを実現していくにはどうしたら良いか**というテーマを扱っていきます。

改めまして、マネジャーの悩みリストを確認してみましょう。

**2　部下との「人間関係構築やコミュニケーション」に関する悩み**

・部下の背景が多様になり、何を感じ、考えているか掴みにくい
・年上部下が増え、どう接していいか難しさを感じている
・部下が転職者ばかりで、組織の文化や価値観の共有が難しい
・部下の読解力が低いのか、説明しても誤解されたり、時間がかかる
・考えを述べさせても、話が要領を得ず何が起きているか把握できない

転職者であれ、年齢の離れた年上部下であれ、まずは4つのパーソナリティのどれに近いかという洞察からスタートする。

これが、私たち「紙1枚」マネジャーの基本動作です。

その結果、「火風水土」のどれかだと自分なりに判断できれば、あとはタイプ別に効果的なコミュニケーションを行っていけば良いということになります。

といって、通常であればここから、前章で紹介した4つのタイプ別に、コミュニケー

ションの組み立て方を解説していくような流れになると思うのですが……。

本書では、そのようなアプローチは採用しません。

理由は3つあって、まずは前章同様、細かいフレーズ集のようなものを用意しても覚えきれないため、実践時に活用できないという社会人教育の実態があるからです。

また、前章の最後で強調した通り、本書ではタイプ分け洞察の「過程・プロセス」自体を重視しているため、診断後の結果にはこの章でもフォーカスしません。

最後に、これが一番大きな理由なのですが、相手のタイプに合わせてコミュニケーションできれば、それで本当に仕事がうまくいくのかというと、必ずしもそうとは限らないのです。

たとえば、「火のタイプ」の部下は、そのパーソナリティから理想やビジョンといった未来志向で日々仕事をしています。

どちらかというと過去の経緯は軽視し、「少しでも描いた未来に近づけるなら、まずはやってみたいです」という推進優先の働き方になりがちです。

ただ、だからといってマネジャーのあなたが、部下に「いいよ、ドンドンやっていこう！」とだけ言っていれば、それで本当に良いのでしょうか。

場合によっては、少々ブレーキだと感じても、「風のタイプ」の人のように他のメンバーと協調していく必要もあるでしょうし、「土のタイプ」のように時には立ち止まって、期限にとらわれずに沈思黙考すべき局面もあるはずです。

**「このタイプにはこう接しよう」式のアプローチでは、部下にとってただ都合が良いだけのマネジャーに成り下がってしまうリスクがある**のです。

次章の「人材育成」で詳しく触れたいと思いますが、マネジャーの条件の1つは「部下にナメられないこと」。信頼関係と都合の良い関係を勘違いしたコミュニケーションを積み重ねてしまうと、とっておきの「紙1枚」だったはずの「火風水土」が、良薬ではなく毒薬になってしまいかねません。

## どんなタイプとも
## コミュニケーションできる「共通言語」

以上の通り、「タイプが4つあるのだから、各タイプに応じたコミュニケーションをしていこう」というのは、実はあまり現実的ではないのです。

そうではなくて、まずは「自分とは異なるタイプの人間が3人いるんだ」という前提から常に出発する。そのうえで、**「では、4つの異なるパーソナリティの人間が集まった時、それでも何とか意思疎通をはかっていくには、どのような共通言語があれば良いのか？」**という問いを立て、これから考えていきたいのです。

つまり、「どのタイプにどう対処するのか」という個別撃破方式ではなく、「どのタイプでも大丈夫な1パターンのコミュニケーションスタイルはないのか」という方向で、本書ではよりシンプル＝実践のハードルが下がる道を模索していきたいと考えています。

4タイプ全員とのコミュニケーションを円滑にする「**共通言語**」。

「そんなものが本当にあるのか」と感じている読者さんも多いと思いますが、結論としては、あります。

前章は「2×2＝4」でしたが、今回のキーワードは1つ少ない「3」です。

実際、3タイプに分けたパーソナリティ理論も多数あるのですが、本章では他のタイプ分けも紹介しながら、といったアプローチはもうやりません。

「本質を突いているのであれば、実はどれも大同小異」ということについては、前章で十分に理解してもらえたはずです。

そこで今回は、私自身がトヨタで日々仕事をする中で見出した「共通言語」について、エピソードを交えて紹介するスタイルをメインにしたいと思います。

## トヨタの「紙1枚」文化から得られた学び

第2章でも書きましたが、トヨタには「紙1枚」文化があり、私を含め社員は皆、日々作成する資料を「紙1枚」にまとめていました。

とはいえ、明確な作成手順やテンプレートが決まっていたのは研修用の「紙1枚」くらいで、日常的には過去の資料の見様見真似で作成し、上司の赤ペン添削を受けながら試行錯誤していくしかありませんでした。

私の場合は、懇切丁寧に指導してくれる素晴らしい上司や先輩に多数恵まれたので、1年ほどで一通り身につけることができました。

一方、そうした環境で過ごせなかった人に関しては、序章で紹介したカッツモデルで言うところの「テクニカルスキル」が中途半端なまま年次が上がっていってしまうため、非常に苦労しているようなケースもありました。

その後、自分自身も後輩指導をするような機会が出てきたため、「これは何かしら再現性のあるカタチで言語化しておいた方が良いのではないか」と、しだいに考えるようになっていきました。

ちなみに、トヨタではこのような思考回路や行動原理を「標準化」と言うのですが、なぜか資料作成やコミュニケーション領域に関してはブラックボックスのままだった部分が多かったため、私は職場で目にする「紙1枚」資料に何か共通点はないだろうかと、独自に日々研究することを始めたのです。

その成果の1つが、前述の「枠＝フレーム」と「テーマ」だったわけですが、実はもう1つ、「テーマ」に関して重要な本質を見出すことができました。

## 最も現実的に機能する共通言語「2W1H」

「現状」「課題」「対策」「要因解析」「背景」「今後に向けて」「スケジュール」「発注先の決定方法」「予算規模」、等々。

各資料の項目名だけを見ると表現はバラバラなのですが、これらをさまざまな切り口で分類できないかと考え抜いた結果、次の3つでグルーピングした時が最も現実的に機能しそうだということがわかったのです。

● What?：現状、概要、課題、問題点、討議内容、詳細情報、等

●Why?：　理由、要因解析、本資料の背景、経緯、当初の目的、等
●How?：　実行計画、今後の対応、スケジュール、展望、見通し、等

端的に言語化すれば、**人は誰しも「What?」「Why?」「How?」の3種類の疑問を抱き、これらが解消すると「わかった」という納得感が生じる。**(15)

だからこそ、どの「紙1枚」資料も、煎じ詰めればこの3つを最小単位にして構成されているし、そうであるならば、いついかなる目的でどんな資料を作る際にも、何項目もテーマを設定するのではなく、この3部構成1パターンで作成していけば良いのではないか。

その後、実際に「What?」「Why?」「How?」という「3」を軸にした資料で報連相やプレゼンを実践したところ、「いつも説明がわかりやすいね、ありがとう」と言われるようなコミュニケーションスタイルを確立することができました。

詳しくは、2017年に上梓した拙著『「いまの説明、わかりやすいね!」と言われるコツ』(サンマーク出版)にまとめていますが、本書の文脈で強調しておきたいことは、

(15) なぜ納得感が生じるのかについて、本書では割愛した有名なパーソナリティ理論である「エニアグラム」と絡めて「実践サポートコンテンツ」内の動画で解説しています。巻末のQRコードからアクセスしてみてください。

**このまとめ方・伝え方であれば、前章で紹介した「火風水土」のどのタイプの人にも有効**だという点です。

まさに、タイプ間の垣根を超え、相互理解に至れる「共通言語」の本質。

それが、「Ｗｈａｔ？」「Ｗｈｙ？」「Ｈｏｗ？」という3つの疑問を解消しながら行っていくコミュニケーションなのです。

## 部下とのコミュニケーションに役立つ「紙1枚」

そこで、この本質をビジネススキルとしてフレームワーク化し、トコトン再現性を高めたのが、次の「紙1枚」となります（次ページの図表17）。一番上の「Ｗｈａｔ？」「Ｗｈｙ？」「Ｈｏｗ？」の順番は、テーマに応じて変えてください。

これから、この「紙1枚」をどのようなカタチで部下とのコミュニケーションに役立てていくのか解説していきます。ただ、どうかその前に。くれぐれも、いきなり部下に「今

**図表17　「紙1枚」で部下との「共通言語」を構築する**

| ・日付：<br>・テーマ： | What? | Why? | How? | |
|---|---|---|---|---|
| | ○○○ | ○○○ | ○○○ | 緑：― |
| | ○○○ | ○○○ | ○○○ | 青：― |
| | ○○○ | ○○○ | ○○○ | 赤：― |

後はこのフレームで報連相しなさい」などと言わないようにしてください。

　大事なことなので何度でも立ち返りますが、第1章で共通認識として構築した通り、まずは自分がこの枠組みを深く理解し、率先垂範することが先決です。

　過去の拙著でもこの「1枚」フレームワークについては毎回のように紹介しているのですが、「まずは自ら」という順番を守ってくれないがために、職場への浸透ができないままになっている人が、残念ながら数多くいらっしゃいます。

　本書はマネジャー向けの本なので、くれぐれもそういった事態に陥ることがないよう、過去の拙著以上に丁寧にここまで説明を積み重ねてきたつもりです。

どうか今回こそは、部下のマネジメントに活かせる体験をしていってほしいと願っています。

## 部下に書かせるのではなく、自身の手で記入していく

それでは、この「紙1枚」の活用法を紹介していきます。

まずは、悩みリストの冒頭にあった「**部下の背景が多様になり、何を感じ、考えているか掴みにくい**」あるいは「**考えを述べさせても、話が要領を得ず何が起きているか把握できない**」という悩みに活用してみましょう。

あなたが部下の相談を受けていて、イマイチ何が言いたいのかわからないといったことが起きたとします。

そんな時はすかさずこの「紙1枚」を紙に書くなり、ホワイトボードに描くなり、デジタル版をZoomやTeamsで画面共有するなどしてみてください。

なお、この「1枚」フレームワークのデジタル版についても、「実践サポートコンテンツ」を通じてダウンロードできるようにしておきます。「おわりに」（235ページ）に記載したURLやQRコードからアクセスしてみてください。

フレームを準備できたら、次の3つの問いを立てて、まずは部下ではなくあなた自身が、部下に成り代わって埋めていく姿を見せていきましょう。

なぜ部下に書かせないかは、これまでの章で説明してきた通りです。

---

- **What？：　何を相談したいのか？**
- **Why？：　なぜ、解決できないのか？**
- **How？：　どうすれば、状況を打開していけるのか？**

---

こうした問いを記した「紙1枚」（図表18）を部下に見せ、「ちょっとこれを埋めながら整理したいんだけど、まず何を相談しようとしているのか改めて話してもらっても良

## 図表18　部下の言語化を支援する「紙1枚」

| ・11/11<br>・○○さんの相談の言語化 | 何を相談したいのか？<br>（What?） | なぜ、解決できないのか？<br>（Why?） | どう状況を打開する？<br>（How?） |
|---|---|---|---|
| | ○○○ | ○○○ | ○○○ |
| | ○○○ | ○○○ | ○○○ |
| | ○○○ | ○○○ | ○○○ |

緑：——
青：——
赤：——

い？」と言って、コミュニケーションをリスタートしてみてほしいのです。

どうでしょうか。実にシンプルな動作ですが、「**これで部下の話を言語化できそうだ**」というイメージが湧いてきたのではないかと思います。

このコミュニケーションスタイルがなぜ有効なのかというと、お互いが目にしているこの「紙1枚」が、部下とあなたの間で「**共通言語**」として機能するからです。

「煎じ詰めれば、あるいは結局のところ何がクリアになれば、マネジャー・部下の双方にとって伝えた、伝わったとなるのか」について、2人が同じフレームワーク＝土俵の上で話せるようになるため、話がとっちらかるといったことが起きなくなります。もしピンとこなければ、口頭オンリーのコミュニケーションや、お互いのコミュニケーションの定義が揃っていない状況と比べてみてください。

圧倒的にシンプルで、効率的かつ実践的な方法だと納得できるはずです。

こうやって、まずはマネジャー自身が、この「紙1枚」を共通言語として日々のコミュニケーションで活用する姿を見せ続けていってください。

その後の流れは、第2章の「目的のジブンゴト化」の時と同じです。

こうしたスタイルを継続していくことで、しだいに部下の方から「私もこのフレームワークについてもっと詳しく知りたい、学びたい」と言ってくるようになります。

そこまでくれば、もう問題の8割は解決できたようなものです。

先ほどの「紙1枚」を改めてチーム単位で共有し、本書の内容を一通り説明してみてください。

そして最終的には、**「少なくとも私のグループでは、What?／Why?／How?の3つの疑問を解消すれば、それでわかった、読み取れたということにしてくれてOKで**

す」「私も人間なので、いつでも網羅して話せるとは限りません」「もし、いずれかの問いや答えに不備がある時は、遠慮なく指摘してください」といった宣言をすれば良いのです。あとはこの枠組みが共通言語として浸透するまで、粘り強く使い続けていきましょう。

## 「どんなまとめ方をすれば良いか」を部下に伝える

加えて、この過程・プロセスを通じて他の悩みも解消していくことができます。

たとえば、「考えを述べさせても、話が要領を得ず何が起きているか把握できない」という悩みを扱ってみましょう。ここでは、部下が会議の議事録を作成してくれたものの、実際に何が話され、これからどうしていけばOKなのかよくわからなかったという例に置き換えてみます。

こうしたシチュエーションにおいて、本書を読む前のあなたは、部下にどんなまとめ方をすれば良いか、そもそも伝えているでしょうか。あるいは、部下がどんなまとめ方をしようとしているのか、把握できているでしょうか。

部下とあなたのパーソナリティが同じタイプなら、何となく仕事を依頼しても、それで何となく部下が資料を作ってきたとしても、違和感は少ないはずです。

しかし、部下とあなたのタイプが異なる場合、そうはなりません。

たとえば、あなたは「火のタイプ」で、ガンガン実行していきたいとしましょう。一方、部下が「土のタイプ」だった場合、「で、どうする？」といった「How？」に該当するような情報より、「そもそもなぜこのような会議を開催するに至ったのか？」といった「Why？」にあたる情報を記載しがちです。

「火のタイプ」としてはさっさと次のステップに進みたいのに、足踏みさせられるような経緯や背景的な話ばかりが続くため、「土のタイプ」の部下の説明に、しだいにイライラしてしまうかもしれません……。

だからといって、部下に「私は実行タイプだからそんな情報ばかり話すんじゃない」などと言っても、本書の内容を知らない部下にはハードルが高すぎるのではないでしょうか。

## 「何がクリアになったらOKとするのか？」が重要

繰り返しになりますが、本書ではこのようなアプローチは取りません。

確かに「火のタイプ」の人は過去の経緯を軽視しがちですが、だからといって「Ｈｏｗ？」的な未来志向の情報のみを部下から聞いて、それでゴーサインを出してばかりで良いのでしょうか。

もし実行フェーズで何か問題が起きた時、あなたは過去の経緯や当初の状況などについて、結局部下に説明を求めるはずです。

その結果、「なんで始める前に言ってくれなかったんだ！」という事態に陥るくらいなら、最初から「Ｈｏｗ？」以外の情報にも関心を払うべきなのではないでしょうか。

仕事のコミュニケーションは、決して自分や相手にとって耳ざわりが良く、違和感のない話ばかりをすれば良いわけではありません。

だからこそ、他者への理解や共感を深めるために4タイプの洞察をすること自体には重

### 図表19　会議の議事録としての「紙1枚」

| ・11/11<br>・会議の議事録 | 会議の目的は？<br>（Why?） | 何が決まった？<br>（What?） | 今度の対応は？<br>（How?） | |
|---|---|---|---|---|
| | 残業削減要請の情報共有 | 強制退社を実施 | 来週から20時消灯をスタート | 緑：— |
| | 残業削減案の議論 | 早帰りDayを設定 | 水曜を定時退社にしてトライアル | 青：— |
| | 実施案の策定 | 一部業務の改廃を検討 | 各業務の所要時間をリスト化 | 赤：— |

要な意義があるものの、かといって「このタイプにはこの伝え方で」といった話にまで踏み込むことには、問題も大きいと私は考えています。

**4つのパーソナリティという多様性＝ダイバーシティを尊重したいからこそ、「火風水土」全てのタイプの部下とあなたとの間で、「何がクリアになったらOKとするのか？」について、あらかじめ明確にしておく必要があるのです。**

実際、議事録が題材なら、最終的には図表19のような「紙1枚」が完成すればOKということになります。

はじめのうちは、マネジャーであるあな

**図表20　企画を立案したい時の「紙1枚」**

| ・11/11<br>・海外向けホームページリニューアル企画 | なぜこの企画をやる必要がある？<br>（Why?） | リニューアルのポイントは？<br>（What?） | どうやって実現？<br>（How?） | |
|---|---|---|---|---|
| | 現状は場当たり的に運営 | ホームページの運営目的を明確化 | リニューアルの期限は来年3月末まで | 緑：── |
| | 英語版の位置づけが不明瞭 | 目的達成に必要なコンテンツを取捨選択 | 3社コンペで発注先を決定 | 青：── |
| | 来季から海外展開を強化するという全社方針 | 必要に応じ新規コンテンツを作成・追加 | 予算は2パターンで想定 | 赤：── |

たが、部下に質問しながら各問いの答えを埋めていっても良いと思います。

そこから徐々に、最終的には部下自身が自力で埋めていけるようになるまで支援していくのです。それが実現すれば、あなたと部下のコミュニケーションは一気に効率化していきます。

たとえば、題材が新しい企画の立案に変わっても、全く同じような「紙1枚」（図表20）を作成することで対応が可能です。

新たな施策にチャレンジしようと提案を持ってきてくれたものの、部下の話がよくわからないとなった時は、「どんな企画なの？」「なぜやりたいの？」「どうやって実現していくの？」と質問しながら、3つの疑問をクリアしていってください。

必要に応じて、前ページの例のように質問の順番を変えたり、言い回しをアレンジしてもらったりしても構いません。

もう1つ、メールの例も挙げておきます。

オンラインコミュニケーションであっても、この共通言語は機能する。そうした事例として受け取ってください。

事前に先ほどまでと同じ「紙1枚」を作成したうえで、あるいは、慣れてくればいきなりでも構わないのですが、図表21のような文面のメールを作成します。

コロナ禍への対応やテレワークの導入をきっかけに、資料作成機会が減っている、あるいはほとんどなくなってしまった人も多いと思いますが、その場合はこうやってメールを通じて、「What?」「Why?」「How?」を実践している姿を見せ続けていってください。

部下からも同じような構成のメールが返ってくるようになれば、オンラインであっても

## 図表21　「紙1枚」の応用(例:メールでの報告)

件名:【報告】BCP説明会を受けて

〇〇課長
お疲れ様です。〇〇です。

本日午前、BCPに関する説明会に出席してきました。
以下に概要をまとめましたので、ご確認ください。

**1. そもそもBCPとは?** ← **What?**
- 事業継続計画(Business Continuity Plan)の略
- 緊急事態が発生した際、損害を最小限に抑え、
  事業継続と迅速な復旧を実現するための計画
- 大企業では策定済みも多いが中小企業では未整備多数

**2. なぜBCPが重要?** ← **Why?**
- 新型肺炎や震災等のリスクが極めて高い時代
- 有事が発生してからでは対応が間に合わない
- お客様や株主、取引先等からの評価基準になりつつある

**3. 今後、自社のBCPをどうやって策定?** ← **How?**
- 当社には全く知見がない
  ⇒BCP策定支援サービス企業に相談
- 同じ事業規模の会社にヒアリングを実施
  ⇒今後、A社B社C社を訪問予定
- 5月の経営会議に議題として提出
  ⇒それまでに部として案を策定

上記を踏まえ、今後の進め方について一度相談する時間をください。
よろしくお願いいたします。

---
〇〇　〇〇(〇〇　〇〇)<〇〇@kamiichi.ne.jp>

---
株式会社〇〇　第1営業部
〒123-4567　〇〇県〇〇市〇〇町〇−〇　〇〇ビル〇階
(TEL)012-345-6789　(FAX)012-345-9876
(WEB) https://kamiichi.ne.jp

---

この共通言語が十分に機能することを体感できるはずです。

## 組織の文化や価値観の共有にも使える「紙1枚」

最後に、残っている「**部下が転職者ばかりで、組織の文化や価値観の共有が難しい**」という悩みについても、同様のアプローチで解消してしまいたいと思います。

具体的には、これも部下自身に書かせてみるというよりは、マネジャーであるあなたが、図表22のような「紙1枚」をベースにして部下と一緒に言語化していく方が当初は現実的だと思います。

この「紙1枚」を使って、まずは部下に「転職して少し時間も経ちましたが、何かうちの働き方で戸惑っていることはありますか？」と聞いてみましょう。

実際に話してくれた「Ｗｈａｔ？」の問いをフレームに埋め、真ん中の「Ｗｈｙ？」についてはマネジャーであるあなたから説明しつつ、埋めていきます。

**図表22　組織の文化や価値観を浸透させる「紙1枚」**

| ・11/11<br>・組織文化の言語化 | 自社独特のカルチャーは？<br>（What?） | なぜ、そのようにしている？<br>（Why?） | どう適用すれば良い？<br>（How?） | |
|---|---|---|---|---|
| | 〇〇〇 | 〇〇〇 | 〇〇〇 | 緑：― |
| | 〇〇〇 | 〇〇〇 | 〇〇〇 | 青：― |
| | 〇〇〇 | 〇〇〇 | 〇〇〇 | 赤：― |

最後に、「これで意図や意味、背景等はわかってもらえたと思いますので、どうやって自身の日々の仕事に落とし込んでいくか話し合いましょう」と言って、3つめの「Ｈｏｗ？」を記入していきます。

繰り返しになりますが、この「紙1枚」をお互いに見ながらコミュニケーションしていくことが、シンプルにして最大の本質です。

これを怠ると、たとえば「火のタイプ」の人は「Ｈｏｗ？」ばかりを考えてしまったり、「土のタイプ」の人は「Ｗｈｙ？」にこだわり過ぎて、「Ｈｏｗ？」を忘れて話を終わらせてしまったりといった偏りが発生してしまいかねません。

他にも、「風のタイプ」の人は雑談が好きなので、時間がないのになかなかこの3つの疑問を解消する方向で話をしないなんてことも起きうるでしょう。

残った「水のタイプ」の人は、おそらく淡々とこのスタイルでコミュニケーションをやってくれると思いますが、ともかくこうした**「紙1枚」が地図やガイド、コンパスのような共通言語として機能するからこそ、4タイプのバラバラな人間が集まっても、効率的な組織コミュニケーションが可能**となるのです。

## 共通の枠組みがあることで、各人の個性が際立つ

前章と本章の関係性は、これでわかってもらえたでしょうか。

4つのパーソナリティのどれなのかという洞察自体は、重要です。

一方で絶対の正解はないため、どのタイプの人であっても「わかった」という納得感を醸成しやすい「Ｗｈａｔ?」「Ｗｈｙ?」「Ｈｏｗ?」の3つの疑問を解消するコミュニケーションを、「共通言語」として導入する必要があります。

そうすることで、ダイバーシティ＝多様性を尊重しつつ、一貫性のあるカタチで効率的なコミュニケーションを実現することが可能となるのです。

最後に1つ、前章で得た認識が深まる話をして、本章を終えていきたいと思います。

「Ｗｈａｔ？」「Ｗｈｙ？」「Ｈｏｗ？」という共通言語は、学校生活に例えると制服のようなものです。どういうことかというと、全員が同じ制服を着ているからこそ、それでも滲み出てくる差異が、各人の個性という言い方ができると思います。

本章で紹介した共通言語も同じで、メンバー全員がこの枠組みでコミュニケーションをとっていると、しだいに各メンバーの個性＝パーソナリティが際立ってくるといった現象が起きてくるのです。

たとえば、これまで何度か説明してきた通り、「火のタイプ」は「Ｈｏｗ？」に傾きがちなので、どれだけ組織として「Ｗｈａｔ？」「Ｗｈｙ？」「Ｈｏｗ？」の3つの疑問を網羅するようにコミュニケーションしていこうと言っても、相変わらず「Ｈｏｗ？」にこだわったり、「Ｗｈｙ？」を軽視したりといったことが起きてしまいます。

すると、このような部下の立ち振る舞いを通じて、「ああ、やっぱり彼は火なんだな」ということが、よりクリアに洞察できるようにもなってくるのです。

あるいは、「水のタイプ」はこういった枠組みをきっちり、安定的に実践していく一方、「風のタイプ」は好き勝手に気持ちよく話せることを優先する傾向にあります。したがって、最後までこの枠組みを使おうとしない人は「風のタイプ」の可能性が高いといった洞察も、本章の学びを実践する中で可能になってくるのです。

後はもう実践しながら、前章と本章の内容を行きつ戻りつ、日々繰り返していくしかありません。「4つのパーソナリティ」と、「3つの疑問を解消するコミュニケーション」。この2つの武器を携えて、どうか部下との良好な関係構築に役立てていってください。

## 第4章での学びを、3つに絞り込んで言語化してみると?

- 納得感あるコミュニケーションのカギは「3つの疑問」の解消
- タイプ別コミュニケーションより1パターンの共通言語の方が現実的
- 部下に書かせるよりも、まずは自分が実践して率先垂範

自分自身にとってはどんな学びがあったか「言語化」してみてください

# 第5章

# 部下の育成にも「言語化」が欠かせない

## ――「紙1枚」でできること④

## 「急がば回れスタイル＝漸進」を大切にする

いよいよ、最後の章となりました。テーマは、「人材育成」です。
今回も、まずは序章で共有した悩みリストを改めて確認してみましょう。

**3　部下の「人材育成」に関する悩み**

・一所懸命に教えてもできない、やらない、できるまで頑張らない
・育成などといって悠長に指導している時間的余裕がない
・いったん任せても、最終的には自分が引き取るので余分に時間がかかる
・テレワークが増え、部下の働きぶりが見えにくくなった
・できることを願って叱責したのに、パワハラだと訴えられる、辞められる

人材育成においても、第1章で学んだ「3つの心の構え」を最初の出発点としたい点は同じです。だからこそ、ここまで何度も参照し続けてきました。

再度おさらいしておくと、部下はカンタンに変わることはありません。

その過半数はフォロワー姿勢で働くことが自然であり、意志を貫けず環境に左右されるため、「部下が勝手に成長していく」といったことを前提にするわけにはいきません。

そこで、これまでの章では一貫して、「まずは自分を変える」「その姿を見せ続ける」「あなたという環境に感化された部下から、少しずつ支援していく」という急がば回れスタイル＝漸進を大切にしていきました。

人材育成についても、この姿勢は変わりません。

**まずは、自分が人材として成長する姿を見せ続けること。**

これが、人材育成における最大の本質、センターピンです。

マネジャー自身が部下にとっての良い環境となり、現状維持ではなく、あなたの成長にこそフォローしていきたいと思わせられるかどうか。
ここが、最初にして最大の分岐点なのだと、まずは心得てください。

## 自ら学び成長している姿を部下に見せる

私は、2018年に『一超訳より超実践一「紙1枚!」松下幸之助』(PHP研究所)という本を上梓していて、そこで『社員心得帖』(PHP研究所)に登場する松下幸之助さんの次の言葉を引用しました。

**皆さんは週二日の休みをどのような考えで過ごしておられるだろうか。一日教養、一日休養というように有効に活用できているかどうか。**

本書をここまで読み進めてくれているような読者の皆さんには釈迦に説法だと思いますが、部下に成長してほしいと願っているなら、まずは自身が「**一日教養、一日休養**」といった姿勢で、生涯学習やリスキリングを実践する。

ただ、その際に1つ、あなたに向き合ってほしいことがあります。

自身が学ぶ姿を、「**どれだけ部下に、見せられているか?**」。

露骨にアピールしろと言いたいわけではないのですが、だからといって松下幸之助さんが説くように「休日(のうち少なくとも1日)は学ぼう!」をそのまま受け取ってしまうと、部下にあなたの「学びっぷり」が伝わらなくなってしまいます。

たとえば、あなたの職場のデスクには、仕事に活かしてきた本が何冊か置いてあったりするでしょうか。「うちはフリーアドレスなので、その例はもう古いです」と思うなら、では他にどのようなカタチなら、自身が学び、成長している姿を部下に見せられるのか、この機会に考えてみてほしいのです。

他の例としては、何かしらの資料作成法や会議術について学んだ際、実際にその資料を日々の業務で作っているか。あるいは、その方法で会議を行っているか。

今後への転機になるような気づきを促したいのであえてこんな書き方をしますが、「学びっぷり」を見せられていないばかりか、「学びっぱなし」で大して何も積み上げられていない姿を、意図せず部下に晒《さら》してしまっていないでしょうか。

自己完結的に学んでいるだけでは、マネジャーの学習観としては不十分です。


**学びを役立て成長している姿が「部下にも見える」ように学ぶ。**


このような組織貢献型の学習観でなければ、部下が成長したくなるような環境の醸成にはつながっていきません。

大切なことなので何度も繰り返しますが、**マネジャーであるあなたは、部下にとって最も影響力のある環境**です。

だからこそ、決して押しつけがましくならない程度に、自分が学んでいる姿を部下に見せていくことを、これから積極的にやっていきましょう。


とはいえ、ここまでを読んでみて、それでもまだ抵抗があるというなら……。前章で少し触れた話について、ここでしっかり解説しておこうと思います。

何の話だったかというと、こうした姿勢で立ち振る舞っていないと、「部下にナメられてしまう」のです。言っていることとやっていることが一致していないマネジャーの言動に、部下はシビアに反応します。

信頼関係が不十分な状態で本書の内容を実践しても、部下にとって都合が良いだけのマネジャーになってしまう……。そうならないためにも、だからこその「見せる学習、見せる成長」なのです。

自己完結的な成長観を、どうかこの機会に乗り越えていってください。

なお、「そんなこと言ったって、どうやって学んで成長していけば良いのか？」「組織貢献型の学習観と言われても……」という悩みに応えるべく上梓した本が、序章でも紹介した『すべての知識を「20字」でまとめる 紙1枚！独学法』『早く読めて、忘れない、思考力が深まる「紙1枚！」読書法』の2冊です。

「学び方自体をまずは学び直したい、アップデートしたい(16)」という方は、ぜひ読んでみてください。

あるいは、そうした本でキャッチアップしなくとも、取り急ぎできることがあります。この本のこれまでの章の内容を実践し、役立てている姿を部下に見せることです。それで十分に、本章のテーマである人材育成の下地は形成できます。

(16)「グロービス学び放題」というオンライン動画サービスでも、「紙1枚を使った学習法」について学ぶことが可能です。https://hodai.globis.co.jp/courses/95030b8d/

## 「仕事を任せる力、頼める力、手渡せる力」も必要

さて、ここからは、自身が成長する姿を部下にある程度見せられていることを前提に、すなわち、ある程度の信頼関係が構築できていることをベースにして、「紙1枚」(図表23)を地図にして解説を積み上げていきたいと思います。

これは「**やる気×能力**」の2軸で構成される「紙1枚」で、「Will・Skillマトリクス」といった名称で、類書にもよく登場するフレームワークです。

ただ、個々の表現は書籍によってバラバラなので、私も本書の文脈に合わせた独自の言い回しで解説していきます。

まずは右上の、「**能動的かつ能力も十分**」な部下に関しての人材育成です。

フレームにはヒトコト、「**任せる**」と言語化しておきました。

「2・6・2」の法則で言えば上の2割にあたるメンバーであり、彼ら・彼女らはマネジャーであるあなたからの支援はほとんど必要ありません。

**図表23　Will・Skillマトリクスの「紙1枚」**

| | | | |
|---|---|---|---|
| Will・Skill マトリクス | | | Skill 能力 |
| | | 不十分 | 十分 |
| | 能動的 | 支援する（教える） | 任せる |
| Will やる気 | 受動的 | 指示する | 支援する（寄り添う） |

緑：―
青：―
赤：―

自律的に自らを高め、業務を推進していってくれますので、基本的にはドンドン仕事を任せてしまって構わない。

これが、このフレームに収まる部下への人材育成方針です。

そもそも、マネジャーの悩みリストの中に「**育成などといって悠長に指導している時間的余裕がない**」というものがあったと思います。

この悩みに対する処方箋としては、まずは「ダンドリ力や優先順位をつける力」といった「テクニカルスキル」レベルをクリアすることが先決です。

ただ、序章で明記しておいた通り、この本ではそこはもうプレーヤー時代にある程度クリアしていることを前提にしています。

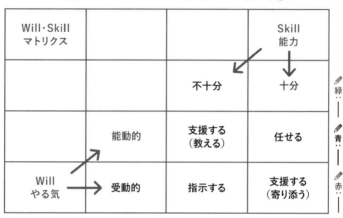

それでもなお、時間的余裕がないと感じているのであれば、本書ではその根本原因を「**何でもかんでも自分でやろうとしてしまうから**」という点に見出していきます。したがって、つい先ほど「マネジャーも成長し続けよう」と書きましたが、これは決して自身の業務遂行力や事務処理能力だけを高めようと言っているわけではないのです。「**仕事を任せる力、頼める力、手渡せる力**」を高めていく。

これも、マネジャーにとっては重要な能力なのです。

## 「ストレッチ」ゾーンにある業務を見極めて任せる

では、どうすればうまく仕事を任せられるのか、渡せるのか、振れるのかといえば、やはりそのカギは「言語化」です。具体的には、図表24のような「紙1枚」を作成し、部下と実際に話をしてみてください。

**図表24　部下の適切な仕事を見つけるための「紙1枚」**

| ・11/11<br>・○○さんに担当してほしい仕事 | 「コンフォート」ゾーンレベル | 「ストレッチ（ラーニング）」ゾーンレベル | 「パニック」ゾーンレベル |
|---|---|---|---|
| | ○○○ | ○○○ | ~~○○○~~ |
| | ○○○ | ○○○ | ~~○○○~~ |
| | ○○○ | ○○○ | ~~○○○~~ |

緑：——
青：——
赤：——

上段にはそれぞれ、次のような言葉が書かれています。

- **「コンフォート」ゾーン：　淡々とこなせるレベルの仕事**
- **「ストレッチ」ゾーン：　頑張れば何とかなるレベルの仕事**
- **「パニック」ゾーン：　どうしていいかわからず、フリーズしてしまう仕事**

まずは、あなたの主観で構いません。いくつか仕事を任せたいと思っている部下を1人選んで、彼や彼女にとって各業務が3つのゾーンのどれに当てはまるのかを考えます。

できるだけ部下自身になったつもりで、想像し、理解し、共感しながら各フレーム内に業務の名称を書き込んでみてください。その際、**第3章で学んだ「火風水土」の「紙1枚」も併せてフル活用**してください。

たとえば、「この業務は地道にコツコツ取り組む力が必要だから、火や風タイプの可能性が高いAさんには、パニックゾーンレベルの仕事になってしまうかもしれない」と思うなら、これはAさんにはやらせるべき仕事ではないかもしれません。

あるいは、「Bさんは水タイプだと思うから、おそらくコンフォートゾーンでこの仕事はこなせるだろうな、でもこういう仕事ばかり頼んでいたら成長につながらず物足りないと感じるかな」といった具合に、決して絶対視しないようにはしつつも、有効な判断基準として役立てていきましょう。

そもそも「育成のためだから」という言葉はマジックワードになってしまう側面があって、何でもかんでもこの理由付けで業務を任せてしまえるところがあります。

ですが、目は決して耳にはなれないし、耳もまた決して口にはなれません。

向き不向きや適性を踏まえ、何を伸ばして、何は他の人に頼るのか。

「とりあえずやらせてみよう」といった乱暴な仕事の振り方を少しでも是正するために、「火風水土」と今回の「紙1枚」を積極的に活用していってください。

一通り書き終えたら、この「紙1枚」を携えて、部下と話をしてみましょう。

その際、自身のまとめが結論であるかのように話すことはしないでください。

「私としては、パニックゾーン以外の仕事について、できるだけあなたにやってほしいと考えています」「ただ、これはとりあえず私の主観で並べただけです」「この業務は自分にとってはパニックゾーンレベルですとか、逆にこの業務ならコンフォートゾーンの負荷で処理できますといったことがあれば、気軽に言ってください」といったスタンスで話をしてほしいのです。

そうすれば、あとはこの「紙1枚」をベースにして、どこまでだったら任せられるのか、あるいは頑張ってチャレンジできるのかといったことについて、お互いに共通了解を見出しながら仕事を渡すことができます。

「ストレッチ」ゾーンの別名は「ラーニング」ゾーンです。

「ラーニング＝学習＝成長＝人材育成」につながるような仕事をやってもらうためには、このゾーンの仕事を分担できることが最適解となります。

ただ、どの業務がそうなのかをマネジャーだけで判断することは、決してカンタンではありません。だからこそ、このような「紙1枚」による言語化コミュニケーションが必要になってくるのです。

くれぐれも相手の意志や感覚・感触を配慮せずに、頭ごなしに「この仕事は成長につながると思うから任せた！」と押し付けることだけはやめましょう。

## 部下の育成に向いた業務を探して任せる

さて、この段階でもう1つ「**いったん任せても、最終的には自分が引き取るので余分に時間がかかる**」という悩みについても解消してしまいたいと思います。

というのも、これも根っこは「自分で抱えようとしてしまう」ところに原因があるからです。ただ、この課題に特有の要因もあって、それをヒトコトで言語化すれば、「**期限や時間的余裕を考慮に入れずに、仕事を割り振っているから**」となります。具体的には、図表25の「紙1枚」を見てください。

### 図表25　業務の割り振りを判断する時の「紙1枚」

| | | | |
|---|---|---|---|
| 業務の割り振り判断マトリクス | | | 部下の能力習熟度 |
| | | 不十分 | 十分 |
| | 長め | ○○○ | ○○○ |
| 期限 時間的スパン | 短め | ○○○ | ○○○ |

緑：——
青：——
赤：——

2つの軸はそれぞれ、時間的なスパンが比較的長い業務なのか、それとも短い業務なのか。あるいは、部下の業務への習熟度が十分か不十分かで切ってあります。

さて、問題です。

人材育成という本章のテーマを当てはめてみた時、マネジャーであるあなたは、部下にどの業務を任せれば良いと思いますか。

まず、左下、すなわち「期限が短め×部下のスキルレベルが不十分」という仕事を任せるのがNGであることは、すぐにわかると思います。この領域に収まるような仕事ばかりを頼んでいるから、時間切れになって結局は自分が引き取るしかなくなってしまうのです。

デッドラインの間際になって、「ちょっと手伝って」「手が回らないからこれやってくれる?」といったカタチで部下に仕事を依頼しているマネジャーは、実は下半分の業務ばかりを部下に振ってしまっているのではないでしょうか。

それで「人材育成がうまくいかない……」と嘆いているのは、実はひとり相撲をとっているだけなのです……。

ぜひ、こういった「紙1枚」と向き合い、自身がやってしまっていることを言語化することで、今後の仕事の振り方を見直す良いきっかけにしてください。


それでは、先ほどの問題の答えを明記します。

左上(期限が長め×部下のスキルレベルが不十分)です。

時間的スパンが長めの仕事、あるいは、そもそもあまり期限を区切る必要のない仕事であれば、部下のスキルレベルが向上するまで辛抱強く見守ることができるのではないでしょうか。

第1章のマインドセットとして学んだことを思い出してください。

成長の本質は、「**漸進**」でした。育成を主目的にするのであれば、この「紙1枚」の左上のフレームに入るような業務を任せていけば良いということになります。

あなたが抱えている業務の中で、何か時間的なスパンが長い、もしくは気にしなくて良いような仕事はあるでしょうか。

記入できそうな人は、実際に先ほどの「紙1枚」を作成するなり、実践サポートコンテンツからダウンロードするなりして書き込んでみてください。

ただ、今回は何も埋められないという読者さんも多いかもしれません。

その場合は、「この左上の枠には、これからどんな仕事が入ってくるんだろう?」という「問い」だけを頭に立てておけば、それでOKです。

人間の脳は、明確な問いさえ立てば、意識・無意識レベルを問わず、答えを探し続けるようにできています。しばらく経てばこのフレームに入ってくるような業務が見つかりますので、実際にそういった体験をこれからしてみてください。

## 「How?」と「Why?」をセットで伝える

続いて、「Will・Skillマトリクス」（図表23／再掲）の左上の部下の人材育成に移ります。ここは、「**能動的でやる気はあるが、能力的にはまだ不十分**」というフレームです。

あなたの日頃の立ち振る舞いによって、本人もやる気にはなってくれた。しかしながら、まだまだ能力的には課題も多いというのが、この領域の部下です。

マネジャーとしては、この枠に入る人たちへの働きかけが最も重要で、時間的にもエネルギー的にも、多くのリソースを投入して支援を行う必要があります。

まず、仕事の渡し方の本質については、197ページの図表24の「紙1枚」がそのまま使えます。

部下と話をしながら、「ストレッチ」ゾーンの中でも「期限が比較的長め」の業務を

**図表23　Will・Skillマトリクスの「紙1枚」（再掲）**

| | | | |
|---|---|---|---|
| Will・Skill マトリクス | | | Skill 能力 |
| | | 不十分 | 十分 |
| | 能動的 | 支援する（教える） | 任せる |
| Will やる気 | 受動的 | 指示する | 支援する（寄り添う） |

緑：―　青：―　赤：―

やってもらうことで、成長機会をつくっていく。ここは「Ｗｉｌｌ・Ｓｋｉｌｌマトリクス」の右上の部下の時と全く同じです。

ただ、左上のフレームに収まってくるような部下に関しては、自律的に学び、成長するといったことを当初はあまり期待できません。「自分で調べろ、考えろ、キミならできる！」ではなく、こちらからある程度「教える」必要も出てきます。

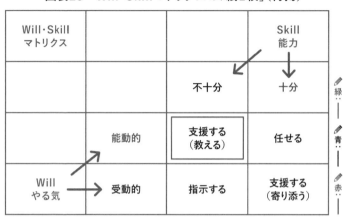

そこで再確認したいのが、マネジャーの悩みリストです。

その冒頭には、「**一所懸命に教えてもできない、やらない、できるまで頑張らない**」と記されていました。マネジャー側が効果的な教え方をしないと、このような事

**図表26　仕事を教える時の「紙1枚」**

| ・11/11<br>・仕事の進め方 | どうすれば<br>進められる?<br>(How?) | なぜ、そうやって<br>進める?<br>(Why?) | 進める際の<br>コツは?<br>(What?) |
|---|---|---|---|
| | ○○○ | ○○○ | ○○○ |
| | ○○○ | ○○○ | ○○○ |
| | ○○○ | ○○○ | ○○○ |

緑：――
青：――
赤：――

態に直面してしまいかねないのです。

ただ、そうはいっても時間は限られますし、何でもかんでも手取り足取りというわけにもいきません。

そこで役立ててほしいのが、前章で学んだ「What?」「Why?」「How?」による「紙1枚」コミュニケーション（168ページの図表17）です。

具体的には、図表26のような少しだけアレンジを加えた「紙1枚」にまとめながら、短時間かつ効率的に仕事の進め方を教えていってほしいのです。

まずは、「**どうすれば進められる?＝How?**」を端的に示します。

次に、部下が今後似たようなシチュエー

ションに陥った時、自分なり考えて動けるように「**なぜ、そうやって進める?＝Why?**」もセットで伝えるようにしましょう。

加えて、「**進める際のコツは?＝What?**」も伝えられれば（ここはもしあればで構いません、ないなら空欄でもOKです）、十分にわかりやすい教え方を量産していくことができるのではないでしょうか。

## 「紙1枚」支援法・育成法 3つの優れた点

この支援法・育成法の優れた点を、3つに絞ってまとめておきます。

まずは、何と言っても前章で解説した「共通言語」を引き続き踏襲している点です。これまでと同じものの見方や考え方をベースにして部下に教えることが可能となるため、あなたも毎回シンプルに伝えられますし、部下にもすんなり伝わるはずです。

お互いの共通言語として身近になっているフレームワークなので記憶に留めやすく、部下が単独で業務遂行する際にも思い出しやすくなります。

２つめは、そうはいってても忘れてしまうケースもあるかもしれませんが、この「紙１枚」を渡しておけば、後で何度も見返して定着させることが可能という点です。

あなたが毎回、部下にまたイチから説明するといった手間を省くことができるため、さらなる時短を実現できます。

３つめは、この枠組みが共通言語として浸透していれば、仮にこの「紙１枚」を紛失しても、部下が自分なりに当てはめて思考整理することで、ある程度は自力で復元・再現することが可能となる点です。

むしろ、ひとしきり時間が経ったら、どれくらい定着しているか確認する意味でも、部下にこの「紙１枚」を改めて最初から書かせてみてください。

さらに効果的な人材育成の機会として、この枠組みが機能していくと思います。

## 「画面共有」をすれば、オンラインでも使える

### 図表18　部下の言語化を支援する「紙1枚」（再掲）

| ・11/11<br>・○○さんの相談の言語化 | 何を相談したいのか？<br>（What?） | なぜ、解決できないのか？<br>（Why?） | どう状況を打開する？<br>（How?） |
|---|---|---|---|
| | ○○○ | ○○○ | ○○○ |
| | ○○○ | ○○○ | ○○○ |
| | ○○○ | ○○○ | ○○○ |

緑：—
青：—
赤：—

左上の領域の部下には多くの支援が必要になるため、もう少しサポートになるような話を付け加えさせてください。

たとえば、悩みリストの中に「**テレワークが増え、部下の働きぶりが見えにくくなった**」というものがありましたが、これは前章で紹介した「紙1枚」（図表18／再掲）と組み合わせることで対処が可能です。

この「紙1枚」を画面共有しながらオンラインコミュニケーションをしていけば、部下が何に躓《つまず》いているのか、拍子抜けするほどあっさり把握できるはずです。

この本が出るまでの最新刊だった『トヨタで学んだ「紙1枚！」で考え抜く技術』を上梓した際、私は次のような話を書きました。

上司への相談を、手ぶら・口頭のみで行ったとしたらどうなっていたでしょうか？

資料がないため、私が何についてわかっていないのかについて、上司にはまったく見えません。結果、不明点の特定だけでも膨大な時間がかかってしまいます。あるいは、何も資料がないと、私がどういう言葉をどういう意味で使っているのかについて、上司は視覚的に読み取ることができません。

これを会話だけで、すなわち耳だけで聴解《ちょうかい》し、フィードバックをしていくのは至難の業です。優秀な教え手であれば可能かもしれませんが、再現性が低く、非効率な人材育成のスタイルであることは間違いありません。

本書で紹介している「紙1枚」がなぜ効果的に機能するのかについて、この引用文を通じてさらに認識を深めていってほしいと思います。

一方で、コロナ禍以降、日本のビジネス環境では「カメラOFF」によるオンラインコミュニケーションが蔓延《まんえん》していて、会社をあげて「カメラOFF」を推奨していたり、「カメラON」を禁止にしている企業まであるようです。

それでも、「画面共有まで禁止」となっているところは、さすがにないと思います。にもかかわらず、この機能をほとんど使わずにテレワークをしている人が非常に多い……。私はそのような問題意識をもっているのですが、あなたの組織の実態はどうでしょうか。

オフラインでもオンラインでも、効率的な組織コミュニケーションの本質は「**視覚的な言語化を基本動作にすること**」です。

だからこそ、テレワークの際は、まずはあなた自身が画面共有機能を使い倒し、相手に「見える」コミュニケーションを体現していってください。

その姿を見て、部下も少しずつ学んでいくはずです。そして徐々に、自身の進捗を「話すだけ」でなく「見せてくれる」ようにもなってくるでしょう。

テレワーク時代であっても、いやむしろオンラインコミュニケーションの場面でこそ、こうした本質を従来よりも重視していってください。

## パワハラと訴えられないために気をつけたいこと

もう1つ、悩みリストにあった「**できることを願って叱責したのに、パワハラだと訴えられる、辞められる**」についても、この場でクリアしておきます。

まず、私なりに見出している「**叱責の本質3条件**」を紹介させてください。

1つめは、「**ナメられない程度の信頼関係を構築できているか**」。

これについては、前述の通りです。まずは自身の日々の言動が重要になります。

2つめの条件は、「**叱責は個別で、少し時間を空けて**」です。

他の部下もいる前で注意したり、他の人にも見えるようなカタチで叱責するのはNGです。また、即時フィードバックのカタチをとると非常に感情的になっているケースが多いため、過剰に声を荒げたり、言葉が乱れたりといったリスクがあります。なので、少し時間を空けて冷静になってから指摘するのがセオリーです。

その点、テレワークは叱責がフロア中に響き渡るといったこともなければ、時間的にも空間的も距離を置いて話せるため、実は叱責には向いているといった側面もあります。

ちなみに、3つめの条件に進む前に余談を挟むと、叱責の反対である賞賛に関しては、「個別ではなく全体に、即時で」という反対のアプローチが有効になります。

具体的には、1on1（1対1）ではなくグループミーティングの場でホメる。あるいは、個別メールではなく関係者一同をCCに入れたカタチで賞賛のメッセージを出す。それも、できるだけホメたい出来事が起きた当日中に出すといったイメージです。

ホメ方については悩みリストに挙がってこなかったのでこの程度にしておきますが、あなたはマネジャーとして、どのくらい効果的な賞賛ができているでしょうか。何かしら参考になるところがあれば嬉しいです。

さて、最後となる3つめの本質条件は「**ヒトではなくコトを叱責する**」。

これは、部下が「人格まで否定された」と感じないようなスタイルで、叱責すべき時はしていこうという意味です。

具体的にどうすれば良いのかというと、これも「紙1枚」で対処できます。

図表27　部下に指摘すべきことを見極めるための「紙1枚」

| ・11/11<br>・○○さんに指摘したいこと | 指摘したいことは？<br>（What?） | なぜ、伝えておきたい？<br>（Why?） | 今後どうしていけば良い？<br>（How?） | |
|---|---|---|---|---|
| | ○○○ | ○○○ | ○○○ | 緑：― |
| | ○○○ | ○○○ | ○○○ | 青：― |
| | ○○○ | ○○○ | ○○○ | 赤：― |

図表27のような「1枚」フレームワークを作成し、叱責しなければならないポイントについて、まとめていけば良いのです。

そして、ここからが最重要なのですが、この「紙1枚」の内容を相手に伝える際、たとえば対面であれば、できればこの枠組みをホワイトボードに書いてから、部下と話をしてほしいのです（もちろん、他の部下には見えないよう会議室等で）。

加えて、実際に話をする時は本人に面と向かってではなく、できるだけこの「紙1枚」に向かって叱責をしてほしいのです。

このスタイルなら、**「部下自身というヒト」と「叱責したいコト」が物理的に分離された「見え方」**でコミュニケーションができますので、相手が「人格まで否定された」と誤解するリスクを、劇的に下げられます。

オンラインの場合は、この「紙1枚」を画面共有し、同様のスタンスで話をしていけば大丈夫です。

## 部下を叱責したくなった時も「紙1枚」

そもそもこの「紙1枚」は、多くのパワハラマネジャーが「口頭のみで、即時で、感情任せに」叱責しているという共通点を洞察し、そこから導き出した処方箋になります。

実際、かつて鬼軍曹とまで評されていた厳しいマネジャーの受講者さんがいらっしゃったのですが、その方にこの方法を伝えたところ、部下とのトラブルが劇的になくなったと感謝されたことがあります。

その元・鬼軍曹の方の感想としては、「紙1枚」にまとめてから指摘するというワンクッションを挟むことによって、そもそも感情任せにその場で叱責することがなくなったそうです。

加えて、前述の通り相手ではなくホワイトボードに向かって叱責するので、「あくまでも自分は人ではなく課題について指摘しているんだ」という自覚が生まれ、過剰に怒ってしまう自分を客観視し、抑制することにもつながったようです。

その結果、怒り方自体もマイルドになり「随分と丸くなりましたね」とまで言われるようになったと、満面の笑みで話してくださいました。

このように、本書は「アンガーマネジメント」の本ではありませんが、「紙1枚」を活用することで「感情のマネジメント」も可能になってきます。

いつか「メンタルケア」や「感情マネジメント」の本も書いてみたいと考えてはいるのですが、ともかくまずはここまでの内容を総動員して、「2・6・2」の6割の部下の人材育成にも奮闘していってください。

残念ながら、時間はかかります。時には叱責も必要です。支援なんて悠長なことは言っていられない場面も出てくると思います。

それでも、にっちもさっちもいかなくなった時ほど、どれでも良いので本書で学んだ「紙1枚」を何か書いてみてください。

何よりも、まずは自分自身がそれで精神的に落ち着けるはずですし、どうかそこからまた、リスタートをはかっていってください。日々、その繰り返しです。

## どんな部下に対しても、理解・共感しようとする姿勢は貫く

さて、ここからは「やる気×能力のマトリクス」の下半分に該当する部下について話をしていくのですが……。1つ、確認をさせてください。

あなたが成長する姿を見せ続けることで、部下の「やる気」を喚起する。

これが本章の大前提である以上、下半分に該当する部下に関しては、基本的にはあなたの「学びっぷり」や「働きっぷり」を通じて、相手が感化されるのを待つしかありません。

これも大変に時間を要することですが、何とか部下が上半分の領域に上がってくるまで待ち、そのうえで前述の支援をしていく。これが本質です。

ただ、「切羽詰まった状況なんです」という読者さんもいるはずなので……。

ここまで書いたことを共通了解にしてもらったうえで、もう少し対症療法的な話もして

**図表23　Will・Skillマトリクスの「紙1枚」（再掲）**

| | | | |
|---|---|---|---|
| Will・Skill マトリクス | | | Skill 能力 |
| | | 不十分 | 十分 |
| | 能動的 | 支援する（教える） | 任せる |
| Will やる気 | 受動的 | 指示する | 支援する（寄り添う） |

緑：―
青：―
赤：―

おきたいと思います。

まずは、図表23（再掲）の左下のフレームからいきましょう。

ここは、「**能力的には不十分で、しかもやる気がなくて受動的な人**」が該当します。もうピンときている読者さんが大半だと思いますが、このフレームに収まるのは「2・6・2」の法則でいうと下位2割の部下です。

したがって、この領域の人材に関してはそもそも育成不可能という判断を下すしかありません。第1章で強調した通り、全員を救おうとする必要はないですし、それをやっていると自分自身が苦しくなってしまうばかりです。

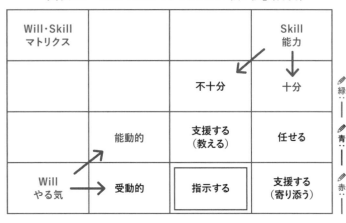

このフレームに収まってしまう部下に関しては、とにかく最低限の業務だけを淡々とやってもらい、他のメンバーやマネジャーであるあなたのリソースを奪われないようにしていくことが肝要になってきます。

その際、前述の「紙1枚」ももちろん有効なのですが、どちらかというと「部下の育成のため」にではなく、「他の部下の育成時間を捻出するために」という観点で活用していってください。

いずれにせよ最大のカギは、たとえそのような働き方であっても、**相手を尊重する姿勢だけは貫くこと**です。

私は断じて、左下の部下は見捨てようと言っているわけではありません。

「働きアリの法則」では、「2・6・2」に分かれたアリから優秀な2割だけを引っ張り出しても、その2割の中でまた「2・6・2」に分かれるといった話が出てきます。何が言いたいのかというと、このマトリクスの左下にいる部下も、さまざまな経緯や背景の結果、今この枠に収まってしまっているのであって、決して良い悪いという話ではない……。そう捉えられるようになっていってほしいのです。

決して批判したり、責めたり、無視したりするのではなく、そのような働き方にならざるを得なくなった前提を想像し、できるだけ理解・共感しようと努めていく。第3章の洞察力とも重なりますが、結果として相手を理解できる必要はありません。共感に至ってはさらに難しいと思います。

ただ、結果として理解・共感できなくても構わないので、そうしようとする姿勢だけは続けてください。

それで取り組みとしてはもう本当に必要十分で、少なくとも周りに迷惑をかけるような部下へと豹変《ひょうへん》する事態は起きません。

なんだか抽象的な話だなと感じた人は、ぜひ図表28の「紙1枚」を書いてみてください。そうすれば、ここまでの話も行動に移せるレベルで実践できます。

この「紙1枚」を埋めていく過程で、「部下を尊重する」という抽象的な心掛けを、具体的な動作として実践することができます。

結果として、ここでまとめた内容が合っているかどうかについては、気にする必要はありません。部下に確かめる必要もありません。

この「紙1枚」を書くという行為・過程・プロセスだけで、部下は十分に満足してくれる。これが、この処方箋の真髄・真骨頂にあたります。

### 図表28　部下を理解・共感するための「紙1枚」

| ・11/11<br>・○○さんを理解・共感するために | 何が起きているのか？<br>（What?） | なぜ、そんなことになったのか？<br>（Why?） | どうすれば良いのか？<br>（How?） | |
|---|---|---|---|---|
| | ○○○ | ○○○ | ○○○ | 緑：—— |
| | ○○○ | ○○○ | ○○○ | 青：—— |
| | ○○○ | ○○○ | ○○○ | 赤：—— |

本書も佳境に入ってきましたので少しディープな解説に踏み込んでしまうと、これまで「結果よりも過程が大事」というメッセージが何度も登場してきました。その真意は「**過程にこそ心が宿るから**」です。

結果としてまとまった「紙1枚」を見た時と、「紙1枚」を書く過程であれだこうだと一所懸命に思いを馳せた時とでは、どちらが冷たく、どちらが温かいと感じるでしょうか。部下の心は、どちらのあなたの姿勢に感応するでしょうか。

あなたが部下を支援したい、サポートしたいと願って「紙1枚」を書こうとすること。その一連の「過程」にこそ部下が感化されるのであって、結果としてまとまった

「紙1枚」には、理解を促進する効果はあっても、感情を刺激し、行動変容を促す効果があるわけではないのです。

## 一緒に書く「支援の姿勢」がやる気を喚起する

最後は、右下のフレームです。**「能力があるにもかかわらず、受動的でやる気がない部下」**が、ここに該当します。

スキル的には十分な力があるわけですから、1日も早くやる気を取り戻し、戦力として活躍してほしいというのが、マネジャーとしては当然の心情です。

このような部下について、長期的にはあなた自身が成長する姿を見せて感化していくアプローチをやりつつ、短期的にはどう支援していけば良いのでしょうか。

まずは、第2章で紹介した主体性や当事者意識を取り戻す「紙1枚」（80ページの図表3）を一緒に書いてみる、というアプローチがあり得ると思います。

その際、くれぐれも部下自身には書かせないでください。

まず間違いなく「書かされた」という受動的な感情しか残らず、むしろ受け身の姿勢を強化するだけです。

やはりここでも大切なのは、この「紙1枚」を書けたかどうかという結果よりも、書く過程であなたが部下にどんなスタンスで接したか。

マネジャー自身が親身になり、支援の姿勢で部下と一緒に書いていくからこそ、彼や彼女のモチベーションを喚起することにもつながるかもしれない。

これが、このアプローチの最大の狙いです。どうか「何のためにやるのか」という目的を見失わずに、実践していってほしいと思います。

## エネルギーレベルが下がっている部下に接する時の注意点

もし、このような支援を行っても引き続き効果がないという場合は……。

それでも、ストレスなのか、仕事以外の悩みなのか、バイオリズム的な波なのか、等々、わからないなりに、何とか想像し、理解し、共感しようとする。そうした支援の姿勢を貫き、可能な限り話も聴き、時間をかけて、本質的に何が起きているかを洞察していくしかありません。

その際、先ほどの左下の部下について解説した時の「紙1枚」（221ページの図表28）がそのまま使えますし、今回は一緒に話をしながら書いていっても良いと思います。

ただし、私もかつて鬱《うつ》で休職したことがあるため、ここはかなり強めの調子で書きたいところなのですが、どうか声掛けには気をつけてください。

**エネルギーレベルが下がっている人間に向かって、「頑張れ」「もっと前向きに」「そんな捉え方しなくても良いと思うよ」「早く元気を出して助けてよ」などと言っても、過程が伴っていない場合はむしろ逆効果になります。**

親身になって、部下が何を感じ、考えているかを懸命に理解・共感しようとするプロセスが事前にあれば、こうしたセリフも相手には前向きに響くでしょう。

一方、「要はまた1枚にまとめたら良いんですよね！」という感じでカタチだけ実践すると、やる気を失っている部下をさらに傷つけるだけです。

本人は、「そんなことはわかっているけど、どうにもならないんだ」といって困っているわけですから、むしろ「ああ、この人も自分のことをわかってくれていない」となって、ますます閉じこもってしまいかねません。

## どんな手法も使い方を間違えれば毒になりえる

本書は、他の拙著以上にノウ・ハウ（Know-How）よりノウ・ワイ（Know-Why）を厚めに書いてきました。

その最大の理由は、「紙1枚」を書いた先にいる相手、すなわちあなたの部下を傷つけてほしくないからです。あるいは、相手に迷惑をかけてしまうことで、結果的にあなた自身のキャリアや人生にもネガティブなフィードバックが返ってきてしまうような事態を避けたいからです。

どんな有効な手法も、使い方を間違えれば毒になりえます。

先ほどの例は、その典型的なケースの1つです。

だからこそ、1冊という限られた紙面や字数の中であっても、ひとりでも多くの読者さんが本質を突いたカタチで実践できるよう、できるだけ深い認識が得られる執筆スタイルを貫いてきました。私が何を感じ、考えながらここまで書き綴《つづ》ってきたか、その真意について響くところがあれば嬉しいです。

## どんな場面でも淡々と「紙1枚」で言語化していけば良い

以上、人材育成を4つの領域に分け、それぞれの段階の部下にどう接していけば良いかについてまとめてきました。

結論としては、どの対象に対しても、どんな場面でも、あなたは淡々と「紙1枚」にまとめて言語化していけば良いだけです。

まさに**〝「紙1枚」マネジャーのすすめ〟**であり、その最大の本質は、部下があなたに求めている「言語化」力を育み、発揮する点にあります。

この章のまとめとして、山本五十六の有名な言葉を引用させてください。といっても、有名なのは最初の文で、続く2つの文は初見の人も多いかもしれません。本章はこの名言を実践するために書かれていたといっても過言ではないくらい、濃密な要約になっていると思います。

**やってみせ、言って聞かせて、させてみせ、ほめてやらねば、人は動かじ。
話し合い、耳を傾け、承認し、任せてやらねば、人は育たず。
やっている、姿を感謝で見守って、信頼せねば、人は実らず。**

加えて、本書全体を締めくくるにあたって、もう1つだけ書いておきたいことがあります。

実は、序章で掲げたマネジャーの悩みリスト（20ページ）の中から、私はあえて1つだけ別枠扱いにして除いておいたものがあります。

**0 マネジャーの「自己認識」に関する悩み**

・「私には、マネジャーの才能なんてない」と感じている……
・「部下を育てる」なんて、そんな責任取れない……
・年功序列でやっているだけで、本当はマネジャーなんてやりたくない……

この悩みをあえて最後に持ってきた理由は、本書の内容を理解し、実践し、体現していく中で、いずれもその過程で解消していくものばかりだからです。

冒頭でドラッカーの言葉を引用しましたが、改めて別の言葉を、最後にもう1つ引いてみたいと思います。出典は同じく『経営者の条件』です。

**いかなる分野においても、普通の人であれば実践的な能力は身につけられる。卓越はできないかもしれない。卓越するには特別の才能が必要である。だが成果をあげるには人並みの能力があれば十分である。音階が弾ければよい。**

マネジャーという仕事には、才能も資格も関係ありません。

責任を担えるだけのパフォーマンスは、普通の人でも十分に発揮できます。

自信がなければ、分不相応だと感じるなら、能力を磨いていけば良いだけです。

ただし、安易でファストなショートカットはありません。

修練が必要です。ただ、だからといって闇雲に頑張れとだけ言われても、困ってしまうのではないでしょうか。

ドラッカーの言う通り、マネジメントにも「音階・楽譜」がなくてはなりません。

そうです。

本書で手渡してきた「紙1枚」こそが、マネジャー業務を遂行していくうえで必須となる「音階」であり、それを記した「楽譜」なのです。

このシンプルな動作を日々積み上げていけば、マネジャーとしての責任は十分に果たせる。そのことを、ここまで懸命に示してきたつもりです。

どうか、本書で学んだ「紙1枚」を役立て、身につけることで、マネジャーとしての自力と自信を高めていってください。

「そのための最良の音階や楽譜を、自分は手にしたんだ！」

あなたが今そのように感じ、今後のマネジャーとしての自分に希望を見出してくれていることを願って、本書を終えたいと思います。ありがとうございました。

## 第5章での学びを、3つに絞り込んで言語化してみると？

- 人材育成の本質も、まずは「自身の育成」から
- あなたに感化され「Will」が生まれて初めて、育成が可能になる
- 成長は「漸進」、「どうすれば時間をかけられるか？」を重視する

自分自身にとってはどんな学びがあったか「言語化」してみてください

# おわりに

## マネジャーのためであり、部下のためでもある

単行本としては今回で9冊めとなりますが、気づけばこれまでで最も執筆に時間のかかった本になってしまいました。

ようやくここまでたどり着いた今、改めて「どうしてこんなに大変だったのだろう」と振り返ってみると、浮かんできた言葉は「部下」の二文字でした。

本書は、私の本としては初めて、明確に対象を「マネジャー向け」に絞りました。これは同時に、マネジャーである皆さんの元に集っている部下にも、多大な影響を及ぼす本になるということを意味します。

したがって、「こうすればOK」「これだけやれば大丈夫」「サクッと1枚書いてみよう」といったファストな本にした結果、皆さんだけでなく、その先にいる部下たちが傷ついたり、嫌な想いをしたりするような本にはしたくない。

そうした配慮から、「部下は変えられない。しかし、自身は変えられる」「育成をあきらめざるを得ないケースもある。ただし、それは相手を否定するという意味で

はない」「意志よりも環境であり、成長は漸進であり、何よりもマネジャー自身が最大の環境の担い手である」、等々。

ともすると、読者にとっては非常に面倒な心構えであったり、一筋縄では理解できない話であったり、あまり向き合いたくないような問いかけも多数登場する内容になってしまいました。

本音を言えば、書いている自分も相当しんどかったです。

特に、「2・6・2」の下位2割の人との関わり方については、受講者さんから数多くの感謝の言葉をもらってきたという事実があったとはいえ、それでも書籍のカタチで書くことには相当の躊躇《ちゅうちょ》がありました。どうか誤解せず、その真意や願いをくみ取ってもらえましたら幸いです。

あるいは、「紙1枚」という「結果」ではなく、「過程・プロセス・その行為自体の重要性」にフォーカスしてほしいといったメッセージについても、いったいどう伝えたらその真意がわかりやすく伝わるのか、散々悩み続けました。

最終的には、本を読みながら実際に記入してもらう＝過程やプロセス自体をそのまま体感しながら読み進めてもらうアプローチに至りました。

果たして、いったいどれだけの読者さんが、第3章のワークで実際に手を動かしてくれたのか。それこそ、2割くらいの人しかやってくれず、8割の人は読むだけで済ませてしまうのではないか……。この割合を少しでもカイゼンするべく、さまざまな葛藤や工夫を経て、このような本としてまとまっていきました。

今回の試みが、どの程度うまくいったのか。

全ては、今あなたがどのような状態でこの文章を読んでくれているのか、何枚書いたうえでここにたどり着いてくれているのか次第です。

これまでの作家・教育者としての経験値を総動員し、やれるだけのことはやりました。

後は、実際にあなたや部下が「自らを変えていく」きっかけになっていくことを、切に願うしかありません。

最後に、本文の中で何度か言及しましたが、本書には読者限定の実践サポートコンテンツがあります。

各「紙1枚」のデジタル版ダウンロードや、書籍への認識がさらに深まる動画講義を配信しています。もちろん、これもさまざまな葛藤や工夫の1つです。

詳しくは、次のＵＲＬもしくはＱＲコードからアクセスしてください。

**「実践サポートコンテンツ」のご案内**

**https://asadasuguru.com/1mane/**

本書は、朝日新聞出版の喜多さんからのオファーで実現しました。本を出すたびに再認識していることですが、商業出版は自己完結では成立しません。「書いてください」と言ってくれる編集者さんや、「出していいよ」と言って私に懸けてくれる出版社さんがいて、初めて成立する仕事です。深く感謝申し上げます。

加えて、家族にも感謝を。年々忙しさが増し、昔ほど執筆にリソースが割けない状況になっているのですが、それでも何とかこうして本を書き続けられているのは、家族のサポートあってのことです。この点でも、やはり自己完結では何も成り立たないことを、ここ数年はさらに痛感しています。本当にありがとう。

最後に、読者であるあなたへ。マネジャーの仕事もまた、自己完結はあり得ません。だからこそ、もっと部下に関心をもってください。興味を抱いてください。何を感じ、考えているか理解・共感しようとしてください。

「自分のことで精いっぱい」という本音を抱えている限り、マネジャーとしての悩みを根本から解決していくことはできません。

本書で紹介した数々の「紙1枚」が、コロナ禍を経てますます希薄になってしまった「他者や会社とのつながり」を取り戻していくための「善いきっかけ」となっていくことを願っています。

2023年4月　「1枚」ワークス・浅田すぐる

# Special Thanks

本書は、以下の受講者さんのおかげで執筆することができました。感謝の気持ちを込めまして、この場に名前を記します。

（敬称略）

横山水穂
松村将也
牧野　玲
中島智宏
森本正夫
原田　進
伊東将希
林　保光
大池輝暢
片岡信人
西村美和
堀尾拓未
米木華奈
水間聖人
田中政人
岡野由紀子
いわいちえ
山岸由布子
村田圭佑
千坂周平
尾山真一
髙橋　唯
饗場　司
伊東和浩
永田浩己
金原正佳
国兼敏之
宮本大樹
綿引真一
梶村昌弘
南雲範明
小池康範
平野一磨
佐々木理葉
酒匂秋寿
鹿野丈二
たっちゃん
猿山邦彦
濱島謙太郎
田中英和
上田幸治
杉原慎一郎
遠藤　忍
安藤瑞恵
山中美佳
佐々木寛子

著者略歴

## 浅田すぐる（あさだ・すぐる）

「1枚」ワークス株式会社代表取締役。「1枚」アカデミアプリンシパル。動画学習コミュニティ「イチラボ」主宰。作家・社会人教育のプロフェッショナル。名古屋市出身。旭丘高校、立命館大学卒。在学時はカナダ・ブリティッシュ・コロンビア大学留学。トヨタ自動車(株)入社後、海外営業部門に従事。同社の「紙1枚」仕事術を修得・実践。米国勤務などを経験したのち、(株)グロービスへの転職を経て、2012年に独立。現在は社会人教育のフィールドで、ビジネスパーソンの学習を支援。

研修・講演・独自開講のスクール等、累計受講者数は1万名以上。大企業・中小企業問わず、登壇実績多数。2017年には海外（中国・広州)登壇、2018年にはルーツであるトヨタとパナソニック合同の管理職研修への登壇も実現。

2015年からは、作家としてのキャリアもスタート。デビュー作『トヨタで学んだ「紙1枚!」にまとめる技術』(サンマーク出版)は年間ビジネス書ランキング4位（全国出版協会の統計に基づく)、海外5カ国翻訳のベストセラー・ロングセラーに。これまでに9冊、文庫化も加えれば11冊を上梓し、著者累計は53万部超。独立当初から配信し続けているメールマガジンは通算1000号以上。読者数2万人超。